LA METAMORFOSIS ARGENTINA

UNA REFLEXIÓN SOBRE LA SOCIEDAD Y LA POLÍTICA DE LOS '90

LA METAMORFOSIS ARGENTINA

UNA REFLEXIÓN SOBRE
LA SOCIEDAD Y LA POLÍTICA
DE LOS '90

Enrique Valiente Noailles

PERFIL LIBROS

© 1998, Enrique Valiente Noailles
© De esta edición:
1998, LIBROS PERFIL S.A.
Chacabuco 271. (1069) Buenos Aires

Diseño: Claudia Vanni
Ilustración de tapa:
Evelyn De Morgan, *La noche y el sueño* (Detalle)
ISBN: 950-639-239-0
Hecho el depósito que indica la ley 11.723
Primera edición: Diciembre de 1998
Composición: Edigraf
Delgado 834. Capital Federal.
Impreso en el mes de noviembre de 1998
Verlap S.A. Producciones Gráficas
Comandante Spurr 653, Avellaneda.
Provincia de Buenos Aires
Impreso en Argentina - *Printed in Argentina*

EN BUSCA DEL SÍMBOLO PERDIDO

PREGUNTAS DE LOS 90

A fines de los 90 se imponen algunas preguntas sobre la Argentina, y este libro ha nacido de una reflexión sobre ellas.

Esta década ha funcionado como un laboratorio social privilegiado, dado que funcionó sin la contaminación del autoritarismo ni de la inflación, que nos han servido de excusa en el pasado reciente para explicar nuestra conducta, aunque, por definición, nada que nos afecte es jamás ajeno a nosotros. Por eso, lo que podemos relevar sobre nosotros mismos en los 90 testimonia más implacable y asépticamente lo que somos.

¿Por qué nos ha cautivado tanto Menem en estos años? ¿Por qué no hemos generado alternativas políticas en prácticamente toda la década? ¿Por qué hemos tolerado una corrupción tan notoria? ¿Qué hay detrás de una sociedad que es gobernada mucho tiempo, de forma libremente elegida, por ilícitos y atropellos institucionales? ¿No hemos sido profundamente permisivos con la era Menem? Y, si fuimos permisivos, ¿fue sólo a cambio de la estabilidad?

A su vez, ¿qué efectos ha tenido sobre el resto de nuestra vida el predominio del economicismo? ¿Cuál es la metamorfosis que se ha operado en el ojo y en la visibilidad de los Argentinos? ¿En qué forma se han alterado el tiempo y la memoria? ¿Por qué los hechos a cierta altura dejaron de tener peso específico?

En este breve inventario para perplejos sólo se enumeran algunas de las preguntas que yacen detrás de estas páginas. Algunas de las tesis ensayadas pueden ser crueles y poco consoladoras, pero para mí son más satisfactorias que la inocencia flotante que nos envuelve. Ya Hegel advertía que la filosofía debía guardarse de ser edificante, aunque los sucesos argentinos no provoquen esa tentación. Por otra parte, no es siendo complacientes como podremos saltar a un orden social nuevo y más solidario, no sin antes ensayar una crítica sin concesiones con nosotros mismos.

Para dilucidar estas preguntas, hay que ir más allá de la sensación de desquicio, de indiferencia y de hartazgo que nos producen los hechos políticos en la Argentina, en particular los hechos de corrupción, porque una primera reacción nos polariza de inmediato hacia la crítica moralista, pero no nos deja comprender si hay algo nuestro involucrado en ellos.

El país en general se han pronunciado permanentemente contra la corrupción, pero la corrupción sigue vigente y se agrava día a día. Algo secreto tiene que estar alimentándola, algo que proviene también de la sociedad entera. Escuchar la denuncia y la crítica de la corrupción nos calma provisoriamente, dado que nos despega del fenómeno. Nos tranquiliza que alguien haga un trabajo de diferenciación por nosotros y por eso consumimos ávida y rápidamente esos hechos en los medios de comunicación.

Si bien este libro ensaya varias tesis, no aspira a ser una respuesta. Aspira, en cambio, a provocar ciertas preguntas. Tira las redes del pensamiento y del lenguaje para intentar recoger algo del otro lado de lo visible. Y si recurre, por momentos, al estilo metafórico o poético es porque intenta describir un contramovimiento, una zona de la realidad argentina que va contra la corriente visible de nuestra historia, zona que parece abordable desde un contramovimiento del lenguaje.

Al lenguaje analítico habitual, al pensamiento que intenta chocar en línea recta con los acontecimientos argentinos, algo se le escapa irremediablemente, dado que éstos nacen ya en forma oblicua. Un corte transversal en los hechos exige un corte transversal en el análisis. Es necesaria otra forma de la teoría para aproximarse al desafío que hoy presenta nuestra sociedad y nuestra política, una teoría que no resigne en absoluto la pretensión de verdad y de exactitud, pero que, bajo una noción desplazada de la verdad y de la exactitud, adopte en el lenguaje una traslación similar a la que ha ocurrido en lo que describe.

Considero esencial la advertencia de Roland Barthes: «Es irrisorio intentar entrar en controversia con nuestra sociedad, sin jamás pensar los límites mismos de la lengua mediante la cual pretendemos hacerlo».

Nuestro pueblo ha salido del viejo juego doble de la significación para entrar en el de la obscenidad. La descripción literal de las cosas ya no nos afecta, porque hace juego con nuestros actos. Hemos desembarcado en la literalidad absoluta, y somos, por lo tanto, completamente inmunes a la crítica y al lenguaje literal.

LA MEDALLA DIVIDIDA

Si nos encontráramos en el futuro examinando documentos de la época reciente –la tapa de los diarios, por ejemplo–, nos sería difícil entender qué le ha ocurrido a la sociedad de este tiempo y, sobre todo, *por qué permitió lo ocurrido*. Reconstruir la vida de nuestra sociedad a partir de los datos exteriores y con las interpretaciones imperantes de la época no sería satisfactorio.

Uno sentiría la necesidad de explorar una metafísica de la Argentina de estos años, aquello que está más allá de su física, como decía Aristóteles; uno sentiría la necesidad de ensayar una narración de los hechos ocultos. Tal vez no se pueda comprender la línea recta de nuestra historia sin leer ese complemento narrativo transversal, la línea en la que ha ido depositándose el sentido de lo que sucede.

Si nos atenemos a la narración externa, a la física estricta de la Argentina, no nos queda más que aceptar la tesis de una sociedad relativamente pasiva que, a cambio de algunos logros puntuales, admite que un grupo de gobernantes y poderosos –ciudadanos entre sus ciudadanos– la desvalije moral y materialmente una y otra vez. Para esta línea interpretativa, que es la que en general impera, la Argentina es un pueblo de observadores sentados en sus butacas, que toleran ser aplanados sucesivamente, en el curso de su historia, por toda suerte de plagas sociales, económicas y éticas. Sin embargo, hay algo insatisfactorio en la interpretación maniquea de la realidad argentina que deposita el origen de sus males en un extremo siempre cambiante de sí misma.

La corrupción, la falta de justicia, los desmanes institucionales ¿qué simbolizan? ¿Qué pasos en las sombras da el sentido para que los pasos visibles sean los que vemos hoy? ¿Cuál es esa parte que no vemos, de la cual nuestra realidad visible no es más que un eco? ¿Cuáles son las variables clave argentinas que han sido alteradas y permiten que todo esto ocurra?

Es sabido que la noción de símbolo presupone una escisión. Un símbolo unifica dos partes escindidas, lo manifiesto, la materialidad de lo que ocurre, y el horizonte de sentido de aquello que se manifiesta. Poseemos una parte, un fragmento de la medalla, tal como ocurre en la forma originaria del símbolo, pero nos falta el horizonte sobre el cual se despliegan los acontecimientos, la parte de la medalla que nos permitiría reconocer el fragmento que poseemos. Ese horizonte de sentido sobre el cual se inscribirían los acontecimientos es la parte perdida de la medalla, su aspecto escindido, y es lo que interesa a la Argentina de hoy. No hay manera de comprender lo que nos ocurre, o de modificarlo, si no se ensaya un descripción de ese terreno.

Y no se puede esperar mucho para explorar la ruptura, dado que es posible que las dos partes a juntar se estén alejando cada vez más y que ambas produzcan, a su vez, escisiones que remitan aún más lejos, en una cadena de final incierto y de incomprensión final de lo que nos ocurre.

Es posible que los pedazos de la medalla dividida no sean estáticos: puede que se vayan dibujando trazos de un lado y de otro. Quizás aquello que originalmente se dividió no pueda volver a juntarse, porque las partes se han hecho heterogéneas y ya no se ajustan entre sí.

Antes de que eso ocurra, tenemos que intentar pensar el lado de la medalla que falta, leyendo en los trazos que bosqueja la realidad argentina aquello que se está dibujando en el aire con la otra punta de la lapicera, para decirlo con una imagen de Rilke.

LA AUTONOMÍA DE LA SOMBRA

Distraídos por la marcha diaria de las cosas, tal vez no hayamos generado una discusión sobre *las condiciones de posibilidad* de lo que nos ha ocurrido recientemente. Las condiciones de posibilidad son más importantes que los hechos, dado que son aquello que habilita secretamente su ocurrencia.

En algún momento, de la línea histórica de los acontecimientos, comenzó a desplegarse una línea transversal a ella. En algún punto nuestra línea histórica se quebró y el sentido dejó de acompañarla. El sentido tomó otra dirección, eligió otra línea para transitar, aunque esto no deba entenderse estrictamente como una duplicidad, sino como una sombra que abandona a su cuerpo. Es en esa sombra donde se suscriben los pactos invisibles que hacemos los argentinos para permitir que en el cuerpo ocurran las cosas que ocurren.

En la sombra de la Argentina hemos firmado un contrato social diferente del de su cuerpo, fieles a nuestra costumbre de romper los boletos de compraventa reales y escriturar por otro valor. Hemos roto el verdadero boleto que rige nuestro contrato social y hemos escriturado en el cuerpo de la Argentina con un valor falso, valor que, por añadidura, todo el mundo sabe que es falso. Los valores operativos que rigen nuestra realidad han quedado, entonces, inscriptos en nuestra sombra. Y es allí donde habremos de rastrearlos.

El cuerpo de nuestra historia está a la deriva, ha cortado amarras con su sombra y navega sin destino. En algún punto la Argentina siempre corta amarras con su realidad y se embarca a la deriva de algún concepto, o de algún subsector de su realidad que la subyuga.

En el cuerpo de nuestra historia, la vida sigue siendo dialéctica y maniquea; en él se dibujan oposiciones extremas: los buenos y los malos, los corruptos y los inocentes. En cambio, en la sombra nuestra vida es dual, pues en ella hay un pacto entre los extremos. Sobre el cuerpo disentimos en muchos puntos, sobre la sombra hay acuerdos profundos y los extremos se han esfumado.

Este libro es un breve *travelling* por esa sombra. Digo *travelling* porque no pretende ser una descripción exhaustiva de lo que se encuentra del otro lado de las manifestaciones visibles de la Argentina, sino que obedece a la curiosidad de la reflexión, que al sentirse atraída por la rareza de ciertos paisajes, se detiene en ellos y no en otros. En una palabra, este libro señala la curiosidad de un ojo, no una pretensión de exhaustividad.

Al viajar por nuestra sombra encontramos una simetría entre gobernantes y gobernados, el diseño de una verdadera función social para la corrupción, un pacto con el sueño suscrito entre todos, un cambio profundo operado en relación con la visibilidad, una alteración de nuestra relación con el tiempo, la violación de las leyes de causa y efecto y del enlace entre los hechos (en razón de la alteración temporal), una declinación en la capacidad de significar de los hechos mismos, etc.

La tapa de los diarios, entonces, es nuestra historia visible, y sólo la mitad de lo que ocurre. En nuestra sombra hemos traspasado algunos umbrales, nos encontramos más allá del bien y del mal y más allá del realismo político. En la zona que define el sentido de lo que somos, hemos saltado al día después de todo moralismo, estamos más allá del tiempo y más allá de la concatenación de los acontecimientos.

SIMETRÍA Y NARCOSIS SOCIAL

LA ERA MENEM

Algo se ha quebrado notoriamente en la Argentina de las últimas décadas, pero este quiebre se ha acentuado en la era Menem. Aunque sea difícil precisar su alcance, sabemos que ha sido un hecho mayor. En forma paralela y paradójica a la edificación de un progreso en el campo económico, hemos tenido la sensación de que algunas cosas profundas estaban siendo demolidas. Al lado de la construcción visible, al lado de la torre del PBI que creció a grandes pasos, se demolieron simultáneamente los cimientos de un edificio invisible. Y por la cercanía de los terrenos, el pozo hecho en lo invisible puede pronto comenzar a afectar los cimientos del edificio visible.

¿Qué ha significado la era Menem, que en principio –si no hay más sorpresas– está por terminar? La era Menem no fue un cambio ni un agregado de información a la política argentina: fue un cambio de sistema operativo. Cuando hablamos de la era Menem no designamos sólo a una persona o a un gobierno. Sería simplista sostener que la era Menem se reduce a quien le da el nombre. Nadie nos la ha impuesto, se ha elegido y reelegido. Lo que ha cumplido la era Menem es la manifestación de una forma del sentido latente entre todos nosotros.

La era de la colonización y de las evangelizaciones ya pasó a la historia: un presidente politeísta no podría modificar a una sociedad monoteísta. Los nativos festejan las joyas sólo si ya aman secretamente la riqueza. Lo que ha sucedido en la era Menem ha sido, y es, una disposición colectiva –voluntaria o involuntaria, poco importa– que ha operado en el plano profundo del sentido de la sociedad entera.

La era Menem no se reduce a la denunciada frivolización del poder ni a la pizza con champán, no se reduce a comprender lo político como espectáculo, tal como nos ha gustado interpretar la era Menem (como veremos, hace rato que hemos salido de esa etapa). No se reduce al corte económico ni a la exclusión del sector de la población que ha sido centrifugado por la economía de esta década. Tampoco se reduce a la violación de la Constitución Nacional ni a la licuación numérica de la Corte Suprema.

La breve enumeración anterior no detalla las instancias *iniciales* de un proceso sino las *finales*; es la descripción de lo ocurrido, pero no su condición de posibilidad. Algo de otro orden ha mutado o se ha puesto en juego en la Argentina y estos ejemplos son apenas algunas de sus materializaciones visibles.

MENEM/MARADONA, NARCISO/NARCOSIS

La interpretación realista de lo político tuvo vigencia hasta que nuestra sombra abandonó el cuerpo. El realismo político aplica a la comprensión de la realidad argentina unas tenazas conceptuales que la fuerzan a ingresar dentro de los parámetros de que hay representantes y representados, divididos por las aguas de la democracia.

El realismo sueña con el funcionamiento espontáneo de las instituciones, con sus mecanismos de control. Pero nosotros hemos dado un salto *de la representación a la simetría*; no hemos delegado un poder sino que *nos hemos reflejado en él.*

Seguir pensando la realidad argentina en términos realistas, valga la paradoja, es un ejemplo de utilización de aquello que Marshall McLuhan denominaba espejo retrovisor, que significa medir con categorías del pasado aquello que adviene. Y es bajo la férula del espejo retrovisor que hemos calificado la era Menem de *show*. Hemos pensado que estábamos frente a un espectáculo, sin advertir que desde su comienzo nunca lo hubo.

Para que haya un espectáculo tiene que haber un escenario sobre el que ocurran los acontecimientos y debe haber, en particular, un desdoblamiento de lo que ocurre entre escena y espectadores. Pero el escenario ha sido volado y la escena ha absorbido decididamente a los espectadores. La noción de espectáculo y la contemplación son posibles sólo cuando aquello que está enfrente es otra cosa y no nosotros mismos. ¿Hay todavía un espectáculo vivo en la Argentina o se ha anulado la escena? ¿Y en ese caso, cuál es el síntoma de ese anulamiento?

La muerte de la escena se da *en el momento en que nos convertimos en aquello que contemplamos.* Siempre hay una dualidad, una retroalimentación y una diferencia entre quien contempla y quien es contemplado, lo que permite la idea de espectáculo, pero la excepción, en la que esta hipótesis no se verifica, es el caso de una cosa contemplándose a sí misma, el caso de Narciso, nuestro caso.

¿Por qué nos ha fascinado Menem en lo profundo durante estos años, más allá de la resistencia que ha despertado en la superficie? ¿Por qué, en otro plano, nos ha fascinado también Maradona a pesar de esa misma resistencia? Tal vez ambos son imágenes o iconos nuestros, y por tanto son nosotros mismos, sólo que proyectados en una superficie distinta. Son nosotros mismos, extendidos hacia la visión de nuestra imagen en una fuente, tal como ocurrió con Narciso. Menem y Maradona son la superficie de absorción de nuestra imagen, la zona de reflejo de nuestras prácticas y de nuestro estilo profundo, a la vez que son dos protagonistas solidarios entre sí, como ha quedado explícito en el apoyo de Maradona a la hipotética segunda reelección.

¿No es por esto acaso que sus figuras públicas concentraron toda nuestra tolerancia? ¿Por qué la sociedad les ha permitido transgredir las normas sin cesar? A ambos les hemos dado, no licencia para matar como al agente secreto, sino *licencia icónica para transgredir*, como si les hubiésemos permitido cruzar impunemente hacia la sombra de la Argentina y retornar.

Del mismo modo que la licencia poética permite «desvíos» en el plano del lenguaje que son tolerados en el campo de la poesía, la licencia icónica, sin desconocer expresamente la ley, anula el registro de lo prohibido en el campo de nuestros iconos. Menem y Maradona han sido dos espejos privilegiados donde se ha reflejado nuestra tolerancia a la ausencia de reglas.

McLuhan sostenía que el hombre se siente fascinado por cualquier extensión suya, y que cuanto más se involucra en esa extensión, más adormecido queda. Según él, los medios de comunicación son extensiones del ser humano; a partir de esta premisa podría hipotetizarse que determinados iconos sociales, en particular aquellos frente a quienes no se reacciona, son también extensiones de nuestro estilo, y que los ídolos, como el caso de Menem y Maradona, son extensiones simbólicas de nuestra forma de ser.

DE LA REPRESENTACIÓN A LA SIMETRÍA POLÍTICA

En ese sentido la era Menem ha sido y es una impecable *extensión* nuestra, una perfecta extensión de nuestras tecnologías de la corrupción, una extensión de nuestra profunda incredulidad frente a la ley, una extensión de la indiferencia de las partes frente al todo, una extensión de nuestro propio desprecio por los demás.

¿Ha sido la misión secreta de la era Menem el mostrar que nadie entre nosotros cree realmente en la Constitución ni en la ley? ¿Es su misión poner a la vista en forma global la corrupción para que descansemos viéndola exteriorizada y pensemos que se juega en otra parte?

Menem no es un gran productor de signos con los que la gente se identifica: es el muñeco de una sociedad que lo habló en forma ventrílocua para que produjera dichos signos. En definitiva, a través de él, hemos puesto en juego *una ventriloquia del poder*: hemos hecho hablar y hemos sido hablados por el texto redactado en nuestra sombra.

La era Menem *es el apogeo de la confesión de una sociedad que decide condensar y expurgar sus secretos en una figura que la sintetiza perfectamente.* Ésta es la tarea que tiene Menem adosada a la tarea oficial de representarnos: bajo el velo de la representación hay verdaderamente una presentación. (Aclaremos, sin embargo, que esto no libera su responsabilidad personal sobre lo que ha ocurido, sólo agrega una responsabilidad colectiva a la suya propia.)

Menem, entonces, no es la encarnación del mal y sería una sobreestimación imputar sólo a su astucia y maquiavelismo el curso de los acontecimientos en la Argentina. Menem no es más que la encarnación concentrada de nuestro propio estilo. Si lo hemos dejado operar del modo como lo ha hecho, misterio insondable, es porque ha cumplido una misión secreta de la que estuvimos y estamos malditamente enamorados, tal como estaba enamorado Narciso de su imagen. Hemos escrito entre todos una obra que supera a Maquiavelo –a quien nos gusta adscribir la inspiración de la era reciente– y que más bien se inspira en Ovidio.

Recordemos brevemente la historia de Narciso, el personaje más célebre de las *Metamorfosis*:[1] Narciso, joven de extraordinaria belleza, se enamoró de su propia imagen reflejada en una fuente, al fondo de la cual se precipitó intentando alcanzarla. Luego de su muerte, se transformó en la flor que lleva su nombre.

Mencionemos, además, un detalle adicional de la historia: Narciso se dedicaba a la caza, y en el curso de esta actividad había enamorado a varias ninfas, en particular a la ninfa Eco, que, rechazada por Narciso, se lamenta, no desea vivir y queda condenada, en adelante, a ser una voz lastimera.

Némesis,[2] la diosa a quien la ninfa invoca, es quien fascinará a Narciso para siempre con su propio reflejo. Así, cada lamento que luego emitirá Narciso ante

---

1 - Véase también "La Metamorfosis de Narciso", de Salvador Dalí, símbolo paralelo, en el campo visual, de nuestra historia reciente.

2 - Némesis merece un párrafo aparte, dado que personifica al poder divino encargado de suprimir la desmesura. Si esta diosa rigiera nuestros destinos estaría, sin duda, condenada a la hiperactividad.

su destino, todas sus palabras y gemidos ante la imposibilidad de alcanzar aquello que ama –su propia imagen–, serán repetidos cuidadosamente por la ninfa Eco.

Si pensamos en la primera parte de la historia, ¿qué sucede cuando, como Narciso, lo mismo contempla a lo mismo, cuando algo se contempla a sí mismo? No otra cosa que la parálisis y el entumecimiento de los sentidos. Veamos lo que dice McLuhan a propósito de Narciso: «Esta extensión suya [la imagen de Narciso en la fuente] insensibilizó sus percepciones hasta que se convirtió en el servomecanismo de su propia imagen extendida o repetida. Estaba entumecido. Se había adaptado a la extensión de sí mismo y se había convertido en un sistema cerrado».[3]

El nombre Narciso proviene de la palabra *narcosis* y su historia se entreteje con la nuestra en esa doble acepción: estamos en estado de reflejo y estamos en estado de narcosis. Hemos quedado entumecidos por lo contemplado; estamos bajo el paso de la simetría con aquellos iconos elegidos. *La era Menem nos ha adormecido a todos porque ha sido nuestro reflejo.* La Argentina de los 90 ha abandonado la noción de representación para saltar a la simetría política.

Por eso no es casualidad tampoco, como es de difusión pública, que Maradona, acaso nuestro mayor ídolo nacional, haya vivido narcotizado: es un reflejo de que también nosotros padecemos una narcosis profunda, al igual que la suya.

Maradona es otro exacto icono de la Argentina: es *la misma gesticulación agitada bajo una narcosis generalizada.* La Argentina siempre ha gesticulado agitadamente, padeciendo a la vez, en su plano pro-

---

3 - Cf. *Understanding Media*, "El amante del juguete. Narciso como Narcosis", Buenos Aires, Paidós, 1996.

fundo, alguna forma de narcosis que va mutando. Nuestra sociedad apenas reacciona frente a las transgresiones, pero sus pequeñas reacciones, casi todas mediáticas, retroalimentan su sueño profundo, y son la protesta de un sonámbulo que nunca salió a la luz ni a la vigilia.

CÓMO REFLEXIONAR SOBRE UN REFLEJO

El estado narcótico conlleva una disminución del estado de alerta, una disminución de la capacidad de respuesta. El sueño ha confinado nuestra capacidad crítica a un efecto invernadero.

Y éste es un problema muy serio, porque sin duda es difícil reflexionar (palabra que denota la idea de reflejar) sobre lo que ya está en estado de reflejo. De hecho, en la era Menem, la sociedad entera decidió reflexionarse a través de la contemplación de sus rasgos distintivos en Menem. Por eso, la tarea de la reflexión ha cambiado ahora radicalmente: su imperativo actual no es ya el de reflejar sino el de *romper el reflejo*, romper el paralelismo entre las dos imágenes.

Nuestro destino de los 90 ha sido estar narcotizados como Maradona, entumecidos junto a Menem: no teníamos una expectativa de comportamiento inverso; ambos espejos nos devolvieron, no una imagen inesperada o desconocida, sino la imagen exacta que esperábamos recibir.

Según nuestros constituyentes de 1853, «sólo arrodillándose ante la ley los pueblos se libran de los tiranos». Pero nosotros nos hemos librado tanto de la ley como de los tiranos, arrodillándonos delante de nuestra propia imagen e inaugurando otra forma terrible de tiranía, la acaecida a Narciso: simetría de movimientos ante nuestra imagen, incapacidad de ser otra cosa que nosotros mismos, cárcel de estar condenados a producirnos simétricamente, cárcel de no poder ver otro rostro que el nuestro en el espejo.

Y esta gran mónada colectiva encerrada en sí misma es reproducida por las pequeñas instancias que la componen: como toda mónada, repetimos el universo a escala individual, y sólo vemos nuestro rostro en cada uno de los espejos.

LA OPOSICIÓN CONVERTIDA EN LA NINFA ECO

En la Argentina de los 90 se produjo el final de la localización del poder. Y la oposición política no se ha encontrado ajena al fenómeno. Si el poder hubiera sido emanado desde un centro, habría habido oposición real, pero por nuestro nivel de involucramiento en el proceso narcótico, no hubo casi ángulo posible desde el cual ejercer la oposición.

¿Cómo oponerse a una fuerza que no es frontal sino que proviene de un profundo asentimiento colectivo, y que, por lo tanto, recorre también por dentro a la fuerza que debiera oponerse? Todo intento de oposición hecho en los términos habituales estuvo inoculado por ese virus portátil, por ese caballo de Troya que sustituyó el blanco del ataque por un espejo.

Así, hemos puesto en juego un sistema cerrado de discurso, y la crítica se ha transformado en un recipiente hermético en el que rebotan los sonidos, sin exteriorización. La crítica carece de zona de choque, habita dentro de esa forma curva y sin aristas que ha creado la narcosis, habita en la zona fantasmagórica del sueño, en la zona de debilitamiento del sonido. El proceso es idéntico al que le sucedió a la ninfa Eco, que, enamorada de Narciso y despechada por éste, se fue dejando morir, casi sin voz y sin aliento. Su voz pasó a ser un hálito lastimero, un sonido sin fuerza que sólo le alcanzaba para repetir el final de la frase ajena.

La historia aclara que Némesis, la diosa tantas veces invocada por la ninfa, es quien se encarga de vengarla condenando a Narciso a enamorarse de sí mismo. Curiosa forma de venganza elegían en la antigüedad los dioses para aquellos que despechaban a los amantes: la maldición a la que se los condenaba era a enamorarse de lo que no podían alcanzar. Pygmalión fue condenado a enamorarse de su estatua; Narciso a enamorarse de sí mismo.

El rechazo y la indiferencia frente a la otredad –porque de ello se trata en definitiva– desemboca en dos maldiciones posibles: aquella que nos apega a nuestras estatuas –nuestros ídolos–, nuestros productos, o aquella que nos convierte en un sistema cerrado frente a nuestra imagen. Dos maldiciones para un mismo destino.

En el siguiente diálogo del texto de Ovidio, puede verse lo bien que se aplican a la Argentina reciente las palabras de Narciso a la ninfa Eco y la respuesta de la ninfa a Narciso:

«Huye[4] [por Narciso] y huyendo dice:
"Saca tus manos de encima mío.
Antes morir, *no te doy poder sobre mí*".

»Ella responde solamente:
"*Te doy poder sobre mí*"».[5]

---

4 - Destaquemos lo bello de este comienzo.

5 - «Ante ait emoriar quam *sit tibi copia nostri*, / rettulit illa nisi *sit tibi copia nostri*.» (3390-2) En inglés mantiene bien la resonancia: «He flees and fleeing says, / "Keep your hands off! May I die before *I give you power over me!*" / She replies only, "*I give you power over me*".»

Este diálogo ilustra bien la relación de Menem y la oposición durante estos años.

En el diálogo hay un intento de inversión del sentido que choca con la idéntica resonancia del sonido: es el tono que la oposición política nunca logró quebrar, porque el adversario ya no estaba localizado sino diseminado en la sociedad entera.

Existe un doble reflejo en la historia de Narciso que la torna doblemente cautivante: a la copia visual de su efigie reflejada en el agua, a su imagen trazada en simultáneo, debe agregarse la copia sonora y diferida de sus sonidos por parte de Eco. Menem ha sido una copia sincrónica, *en simultáneo*, de todos nosotros; la oposición, presa de esta lógica, copió *en diferido* las acciones de Menem.

Dado que habitamos en un sistema curvo y cerrado de sentido, los intentos, aun los más aguerridos, no logran enfrentarse al adversario en tiempo real: sólo logran hacerlo en diferido, como un eco, y el efecto es que se logra decir sólo un remanente de lo que se quería, con el agravante de que el texto sigue siendo dictado por el otro, el texto sigue siendo un eco del poder, el texto sigue siendo dictado por Narciso.

Extraña paradoja de reflejos resulta nuestra historia de los 90: Narciso se refleja en su imagen en tiempo real, en el acto mismo de verse, y Eco refleja a Narciso pero en diferido, mediante el sonido.

En el desenlace de la historia, Narciso termina abismándose en su propia imagen. Pero lo que nos ha ocurrido recientemente es interesante: no es Narciso quien ha ido a abrazar su imagen sino que, de manera más creíble para unos que para otros, es la imagen lo que se ha retirado del espejo: Menem ha anunciado su retiro de la contienda del 99. En otras palabras, está por desaparecer del espejo la imagen que observaba Narciso.

Sin embargo, el espejo no se ha roto, ni ha desaparecido la lógica del reflejo. Bien puede ocuparla nuevamente Menem o algún tercero. La reelección de Menem en el 95 también fue la repetición del gesto del 89. Y aunque haya anunciado su retiro de la elección para el 99, sabemos que una de las funciones que precisamente se cumplen en el sueño, una de las funciones más peligrosas del inconsciente, es la repetición.

Narciso vive y sigue siendo igual a sí mismo. Cabe sospechar que buscará pronto otro espejo, otra imagen sustituta de la cual enamorarse acríticamente.

¿Cómo saldremos de este sueño hipnótico? ¿Cuándo dejaremos de mirar en una fuente para leer nuestro destino? Tal vez tengamos que repensar nuestra relación con el tiempo, uno de los aspectos más gravemente dislocados de nuestra narcosis, como veremos en el capítulo dedicado a la temporalidad.

REMEDIO, VENENO, EXPIACIÓN

En este punto de nuestro análisis, a los efectos de trazar una analogía de nuestra narcosis, es particularmente interesante la definición de droga que dio Antonio Escohotado: «Por droga –psicoactiva o no– seguimos entendiendo lo que hace milenios pensaban Hipócrates y Galeno, padres de la medicina científica: una sustancia que en vez de "ser vencida" por el cuerpo (y asimilada como simple nutrición) es capaz de "vencerle", provocando –en dosis ridículamente pequeñas si se comparan con las de otros alimentos– grandes cambios orgánicos, anímicos o de ambos tipos».[6] Tanto Escohotado como Jacques Derrida nos recuerdan la doble acepción de la noción de droga (*phármakon*) entre los griegos: remedio y veneno a la vez.

Nuestra narcosis tiene también esa doble vertiente. Remedia provisoriamente las carencias graves de nuestra sociedad, siempre mediante una dosis unívoca de algo, un elemento capaz de vencer al resto del cuerpo («orden», democracia, economía, y ahora la última ilusión –lo social y lo moral–, de la cual hablaremos más adelante).

Esta definición da cuenta de la acción que tuvo el economicismo de los 90 sobre el resto del «cuerpo

6 - Escohotado, Antonio, *Historia elemental de las drogas,* Barcelona, Anagrama, 1996, p. 9.

social»: le dimos preponderancia, quisimos digerirlo y ponerlo al servicio del cuerpo, pero terminó venciéndonos a su vez y digiriéndonos en dosis pequeñas y diarias. La pasión económica de los 90 resultó un remedio hasta un punto y un veneno a partir de allí.

Maradona, nuestro icono de estas últimas dos décadas, ha estado también gobernado por la etimología de *phármakon*. No lejos de la palabra *phármakon* (droga) se halla la noción de *pharmakós*, chivo expiatorio, aquello en lo que Maradona se convirtió más de una vez, y aquello en lo que, con alta probabilidad, se convertirá Menem.

Maradona no ha sido solamente un fenómeno publicitario de danza con millones. Maradona ha sido muchas veces el chamán de nuestra ceremonia onírica, ha tenido asignadas secretas funciones sacerdotales, ha oficiado de mediador entre la colectividad y su destino.

Por eso Maradona no estuvo exento del maniqueísmo y de la oscilación entre los extremos a la que está sometida toda figura investida simbólicamente. Hubo momentos en que se le dieron atributos de rey, otros en que la maldición se abatió sobre él. Maradona estuvo más allá del triunfo y de la derrota, porque la alternancia del humor social fue lo que se inyectó en su figura, como un pararrayos social para las descargas del humor colectivo.

En una vida generalmente profana, la gente ama aquello que la pone en contacto con la ilusión. Por eso ha amado a Maradona. Pero cuando Maradona perdió su función icónica y sacerdotal, corrió los riesgos inversos: *no propiciar el sacrificio sino padecerlo*.

Así, un Maradona narcotizado fue inmolado en la hoguera del mundial 94 y en la del campeonato Apertura 1997. Y todo ello fue natural: ningún rey muere de modo inadvertido. Su historia, tal como las narraciones orales de los pueblos, tal como los mitos que mantienen vivo un aspecto de la comunidad, nunca lograba alcanzar el verdadero fin. Anunció repetidas veces su retiro pero sin llevarlo a cabo (podrá retirarse del fútbol, pero impediremos que se retire de su función icónica, y aún hoy, la menor opinión suya es registrada y amplificada), empujado tal vez por la fuerza colectiva que lo insta una y otra vez a recomenzar, a ser nuestro reflejo.

Lo que fascinó de la historia de Maradona, lo que fascina de nuestra historia, es un dato distintivo de la esencia de la tragedia: la coexistencia simultánea de culpabilidad e inocencia. Si el personaje no es *a la vez* culpable e inocente, carece de interés trágico. La historia de Edipo, por ejemplo, carecería de todo interés si hubiera asesinado intencionalmente a su padre. Pero la simple falta de intención para actuar no lo torna inocente.

Las tragedias argentinas tienen un tono similar: ninguno de nosotros tiene intención de actuar, somos inocentes, pero instrumentamos con precisión trágica la ocurrencia de los hechos.

La vida individual es una hebra dentro de un tejido mayor y estamos sometidos a fuerzas que no controlamos. Esto es lo que padece el héroe en las tragedias. Nosotros nos hemos tejido y entretejido alrededor de las hebras Maradona/Menem, y nos hemos recostado sobre la modalidad inocente de nuestros ídolos, no sobre la culpable; nos hemos recostado sobre la modalidad inocente de nuestra historia, no sobre la asunción de sus tragedias, como lo muestra nuestra tendencia al indulto y al olvido.

En Maradona se ha jugado también en espejo otro elemento distintivo de lo trágico y de nuestra historia colectiva. La súbita reversión de su destino es simétrica al acontecer de nuestra colectividad entera, acostumbrada a dar bruscos saltos y no a caminar. Aún hoy, luego del Proceso, las Malvinas y la híper, ¿quién pondría las manos en el fuego sobre la «conversión» de los argentinos? ¿Acaso no tenemos el temor profundo de no haber cambiado y de que un golpe cualquiera descorra nuevamente el velo?

Una vez que la tragedia ha sido puesta en juego no es posible escapar y se materializa en el momento menos pensado. El destino es irónico y le gusta rimar los acontecimientos entre sí: Maradona ya había tenido en el 94 una advertencia de lo que ocurriría en el 97.

Las décadas del 70 al 90 dejaron una estela que quizás nosotros tampoco resistamos de rimar con acontecimientos más allá del 2000. Por eso, de lo que se trata, en adelante, es de romper la rima, de romper el reflejo, que es la forma que ha adquirido, entre nosotros, la tragedia.

EL PREDOMINIO DEL SENTIDO ECONÓMICO

EL ENTUMECIMIENTO DE LOS SENTIDOS NO ECONÓMICOS

«Cuando una sociedad inventa o adopta una tecnología que da predominio o nueva importancia a uno de sus sentidos, la relación de los sentidos entre sí se transforma. El hombre se transforma.» (McLuhan)

Esto es exactamente lo que ha ocurrido con el predominio de la economía, frente a las otras esferas de nuestra vida social. La macroeconomía se desarrolló en medio de la devastación de zonas enteras de sentido, de zonas que son clave para una sociedad. La hiperestimulación del nervio económico entumeció, entre otros, el sentido que distingue, el sentido que –al igual que a los animales antes de un terremoto– nos alerta frente a un desastre inminente. Y es a la luz de esta obnubilación, de este encandilamiento y atrofia, que el plano político reciente operó, hasta el punto de haberse intentado otra reelección.

A la par de haber redactado las cláusulas de un pacto social en las sombras, el contrato social explícito que nos une disminuyó su número de cláusulas hasta dejar apenas en pie las relativas a las de mercado. Reducción al código de comercio, dentro del cual todos quieren cobrar y pocos aportar, como lo demuestra nuestro alucinante grado de evasión, también tolerado, al igual que la corrupción.

La estabilización de la economía absorbió la

capacidad restante de movimiento social. Aquel a quien le falta un sentido desarrolla excesivamente los otros, pero en este caso sucedió lo inverso: alguien que súbitamente recobró un sentido, olvidó, por fascinación, el uso de los restantes. Se trata de la hipertrofia de un músculo desarrollada a la par de otras atrofias en el cuerpo.

Padecemos, por tanto, una doble narcosis: un estado de somnolencia política frente a la simetría y un entumecimiento de todos los sentidos no económicos. Un sentido dilatado al extremo, los otros confinados a la mínima expresión.

Y es una doble narcosis porque proviene de narcóticos diferentes. La economía nos entumeció como un narcótico promotor de la euforia, y el resto de la era de Menem nos entumeció en los demás sentidos con un narcótico promotor de la somnolencia. Y no hemos tomado la precaución de leer el prospecto para ver si había compatibilidad entre ambas drogas.

EL PRINCIPIO DE AUTOAMPUTACIÓN

McLuhan sostiene que todas nuestras extensiones son formas de autoamputación. El pie debe autoamputar una función propia cuando se extiende en la rueda, cuando delega en ella su función. A su vez, el motivo que hace que el pie busque extenderse en una rueda es una irritación que ya no puede soportar. (La presión de las cargas fue un pretexto para la invención de la rueda, para la extensión del pie en forma de rueda.) De este modo, la autoamputación tiene una función precisa: *generar un alivio instantáneo sobre el órgano que soportaba una fuerte presión.*

¿Qué zona nuestra estaba bajo tremenda presión y en estado de irritación para que fuera necesario amputarla y extenderla hacia la era Menem? ¿No ha funcionado la era Menem como un depósito privilegiado de exteriorización de nuestros irritantes más profundos? ¿No buscamos precisamente, tal como hizo el pie con la rueda, descargar un peso en esa imagen nuestra?

A nadie se le ocurriría censurar a la rueda por su función, dado que alivia al pie. Si no hemos censurado el movimiento de Menem, es porque cumplió una función, fue la rueda que vehiculizó aquello que ya no podíamos cargar. Lo que hemos descargado en la era Menem es nuestra propia corrupción, la suma de ventajas que los argentinos nos sacamos entre nosotros en forma permanente.

Nuestra profunda inmoralidad colectiva ya no soportó su forma de acción acumulada durante años y, sin saberlo, decidió extenderse completamente hacia el exterior. Decidimos aceptarla bajo un símbolo visible y elegido por todos.

Una vez inventada la rueda, la rueda misma genera una nueva intensidad de acción por la amplificación de una función separada o aislada. Una de las funciones cumplidas por la era Menem, mediante la amplificación de la corrupción en la zona pública, fue evitar el reconocimiento de la corrupción privada que hemos venido acumulando en forma insoportable y que es uno de los datos constitutivos de nuestra forma de ser.

EL PELIGRO DE LA AMPLIFICACIÓN

En la vigilia, la estimulación excesiva de un sentido, su focalización, anula al resto por aislamiento. En el sueño, nuestra situación actual, sólo puede suceder el proceso inverso. Tal como señala Aristóteles: dentro del sueño un pequeño estímulo externo puede, por amplificación, invadirlo todo.[7]

Esto quiere decir que somos narcóticamente aptos para amplificar cualquier dato menor en el futuro; estamos expuestos a que una pequeña idea o un pequeño estímulo se apodere enteramente de nosotros, tal como ocurrió en su momento en nuestra casi guerra con Chile y en nuestra guerra real en Malvinas. Pequeñas ideas estúpidas flotantes bien pueden apoderarse de un cuerpo que se encuentra inerme, un cuerpo dormido dispuesto a no distinguir la calidad del estímulo.

Seguimos expuestos a ese peligro de nuestra historia. Es posible, claro, que nuestra narcosis no date de fecha reciente, que las reiteradas promesas sobre la Argentina nos hayan hecho creer que teníamos un rostro bello y que hayamos caído tempranamente en la maldición de Narciso.

7 - «Una insignificante elevación de temperatura en uno de nuestros miembros nos hace creer en el sueño que andamos a través de las llamas y sufrimos un ardiente calor». (Citado por Freud en «La literatura científica sobre los problemas oníricos».)

La vigilia absorbe la energía del estímulo al centrarlo en un punto, pero el sueño lo derrama. El efecto es, sin embargo, similar: sea por carencia o por exceso, el equilibrio entre la sociedad es siempre barrido por un elemento predominante.

¿No fue éste nuestro drama esencial de la época de los 70 a los 90? Bajo la sobreestimulación de la noción de «orden» se aniquiló sin más a parte de la ciudadanía, bajo la sobreestimulación de la noción de democracia se aniquiló la economía y bajo la sobreestimulación actual de la economía se aniquilaron los vestigios restantes de la moral.

Todo esto puede ocurrir sin que uno lo advierta, cuando un estímulo es unívoco.

Si uno escucha una música fuerte durante suficiente tiempo, puede olvidar un dolor de muela. Éste fue el efecto «faros altos» de la estabilidad y la economía de los años 90. Hemos quedado aliviados momentáneamente de ese sentido, mientras que naufragaron el resto de nuestros sentidos sociales. Y nos protegimos de la tensión mediante el aislamiento del órgano. Pero hemos pasado a padecer en forma total el aislamiento al encerrarnos en la economía. Por eso el empresariado, el sector de la sociedad que vivió del florecimiento de este único sentido, tiene una responsabilidad mayor frente al silencio de los otros sentidos, y puede que una de sus misiones sea ayudar a reconstruirlos.

Una afección orgánica, una irritación dolorosa o una inflamación de un órgano crean un estado como consecuencia del cual quedamos desligados de otros objetos, como señalaba Freud. La hipocondría es la «afección en la cual un órgano preocupa igualmente al yo sin que advirtamos en él enfermedad alguna».[8] Una economía enferma desli-

8 - Freud, S., *Obras completas*, T. II, Madrid, Biblioteca Nueva, 1973, p. 2381.

gó a la Argentina de sus otras formas de vitalidad, aun luego de su estabilización. Hemos puesto nuestra energía hipocondríaca en seguir rondando ese órgano. ¿Qué pasará cuando levantemos la vista hacia los restantes?

Hemos olvidado, desde hace tiempo, la necesidad de no pactar con lo inmediato, como señaló alguna vez Olga Orozco. No pactar con lo inmediato es la clave para levantar el ojo por encima del primer anillo de sentido que nos rodea, por encima de la primera urgencia que aparece. La energía está siempre colocada en las urgencias inmediatas y la sociedad nunca ha pactado a fondo con las urgencias mediatas. Lo muestra implacablemente nuestra desinversión en el campo de la inteligencia y de la educación.

No pactar con lo inmediato es rehusarse a vender nuestra alma al diablo, pero en este caso se acudió al mercado del usado, a la mesa de saldos, y la contrapartida que se obtuvo no fue grande. Porque no sólo los dioses, tampoco los demonios, están de nuestro lado. El sueño es una forma del limbo, estadio que carece de dioses y demonios.

LA FUNCIÓN SOCIAL DE LA CORRUPCIÓN

LA MATERIA DE NUESTRO SUEÑO COLECTIVO

En la Argentina, la acumulación de hechos de alto poder de irradiación –bien podríamos decir radio-activos– ha operado en los últimos años como una bóveda celeste a la cual casi no podemos levantar la vista.

Asesinatos con protección política, corrupción despiadada en todos los órdenes, en particular dentro de las instituciones creadas para proteger a los habitantes, mentira ostensible, justicia obstruida o manipulada, subordinación de la Constitución a los fines de una sola persona, quebranto total de la cultura y de la educación –no sólo por la vía de la falta de recursos–, y quebranto indirecto de estos últimos por la exposición a los hechos anteriores, etc.

Aquí se ha dado un efecto inverso al de la paradoja de Olbers que, sin nombrar su origen, menciona Jean Baudrillard con relación a la luz enceguecedora de la comunicación. Existe un problema teórico con la oscuridad del cielo nocturno: si el universo fuese infinito, el brillo de las estrellas debería acumularse hasta hacer que el cielo nocturno fuese tan claro como el Sol.[9] El cielo aparecería infinitamente claro si las estrellas no se taparan unas a otras. Pero, aun tapándose, la claridad superficial del cielo debería ser 50.000 veces ma-

9 - Cf. Herrmann, Joachim, *Atlas de astronomía*, Madrid, Alianza, 1993, p. 205.

yor que la del Sol, y en la Tierra debería reinar una temperatura de 5000 grados centígrados.

La única salida a la paradoja planteada es que la materia interestelar absorba la luz de las estrellas y de los sistemas estelares lejanos, en la medida precisa necesaria para evitar un cielo enceguecedor.

Lo mismo sucede con los hechos de corrupción en la Argentina: con su sucesión ininterrumpida, tapan su luz entre sí, pero no basta. Para neutralizar la luz cegadora de estos acontecimientos, ha sido necesario también, en nuestro universo social, un movimiento de implosión que neutralizara su gravedad: ha sido necesario absorberlos hacia el sueño colectivo. El sueño colectivo es nuestra propia materia interestelar que, como un agujero negro, absorbe lo que no podríamos soportar en plena vigilia.

Es la única razón por la cual la corrupción no ha llevado a la Argentina a los 5000 grados centígrados. Es la única razón por la cual no nos hemos incendiado colectivamente. Un extraño mecanismo de supervivencia onírica absorbe la incandescencia de lo que ocurre, ante la falta de erradicación colectiva de los hechos.

Lo que hay en la Argentina es un sopor, una forma de esclerosis moral, de arterias obstruidas que no han producido un colapso social, sino apenas una desmemoria, como en la arterioesclerosis física. Agreguémosle a ello que algunas de las arterias de la memoria han sido tapadas artificialmente, y han ahondado este fenómeno de vejez social.

Sopor, adormecimiento, frente al cual la realidad produce hechos cada vez más fuertes, como un despertador que sonara en forma creciente, dado que no se lo apaga. Las viejas mediciones para la conmoción que los hechos producen han pasado a su obsolescencia final. ¿Cuál será nuestro nuevo umbral, qué tenor de gravedad nos será necesario para escuchar el sonido?

Lo real es implacable con lo que no está en vigilia e irá incrementando su acción hasta que lo escuchemos. Pero para quien comienza a acostumbrarse a los monstruos del sueño, las pequeñas pesadillas diarias son incapaces de devolverle los ojos abiertos.

Nada despierta por ahora nuestra sociedad, que ha delegado la vigilia. La ha delegado a los medios, por un lado, para que despierten por ella. Los medios denuncian, pero en vez de producir un efecto de despertador, producen un efecto inverso, adormecedor: alguien se está ocupando de estas cosas por mí.

La nuestra es una corrupción tolerada y trazada absolutamente a sabiendas de todos. Por eso, a cierta altura, dejó de ser una sorpresa sobresaltada, para pasar a ser una sorpresa impávida. Toda sorpresa, por definición, muere al poco tiempo de nacer, o como en nuestro caso, es neutralizada al permanecer largo tiempo a la vista. El estado de sobreadaptación social a la sorpresa es uno de los datos mayores de la era Menem.

No es necesario hacer un inventario de la corrupción, ni citar la lista de los hechos más relevantes en letra pequeña, en una nota a pie de página, porque ya está hecho: la corrupción es la tipografía que hemos colocado al pie del crecimiento económico. Hay una saturación anticipada en su mención y hay un cansancio en su sola escucha. Su simple denuncia ya no hará ganar las elecciones a nadie, ya que denunciar lo que no está oculto carece de eficacia.

En el fondo, los hechos de corrupción no han llegado a inscribirse en la conciencia colectiva. Fueron producidos en forma «real», pero sus consecuencias fueron interceptadas por una extraña tela de araña e inscriptas en una superficie onírica. Estamos inertes frente a ello y no hay que insistir con versiones maquiavélicas de manipulación desde el poder: el poder ha pasado a ser el lenguaje elegido por el pueblo para vehiculizar su forma de ser.

Y aunque entre el sueño y la vigilia haya un hiato, se filtran «restos diurnos» y restos nocturnos en la noche y el día. Los medios de comunicación tienen la tarea de proporcionarnos los restos diurnos para que podamos soñar en paz.

Sabemos que es peligroso despertar bruscamente a un sonámbulo –bien podría estar caminando por una cornisa–. Nuestro despertar, cuando ocurra, será peligroso también.

LA FUNCIÓN SOCIAL DE LA CORRUPCIÓN

No podemos ya insistir más en la hipótesis de la indignación social ante la corrupción. Nuestra real impavidez frente a ella nos obliga a ir más lejos en la interpretación. Cuando una cosa que una sociedad execra permanece como uno de sus datos constitutivos y primarios, hay que trazar una hipótesis de su funcionalidad.

La corrupción sucede desde hace mucho, sin duda, pero hoy carece de la pretensión de ocultamiento que ha tenido en otras épocas. No tenemos la excusa de vivir en una sociedad no libre, no tenemos la excusa de no tener autoridades legítimas, no tenemos la excusa de carecer de leyes, no tenemos la excusa de vivir en una economía desquiciada. Ahora la corrupción ocurre sin los velos mencionados.

Si obsceno es aquello que se muestra excesivamente –aquello que ha salido de la escena–, la nuestra ha pasado a ser una forma de política-porno, con corrupción en alta fidelidad, modulada en graves y agudos. Es que la pornografía, a cierta altura, ya no excita. En ese punto estamos hoy: somos una sociedad que ha alcanzado el clímax de la inmoralidad, y por eso, ningún acto nuevo de corrupción que desfile ante sí la excita.

La era Menem redujo el espesor de los acontecimientos políticos y los tornó imperceptibles para algunos sentidos, pero no ha escondido, en cambio, la corrupción. Tal vez ello ocurrió porque intuyó su funcionalidad, y por la misma razón, nosotros tampoco hemos hecho nada contra ella. Hay un curioso deleite social, bajo la apariencia de la indignación. La gente se proclama harta, pero implícitamente ama y se complace con sus primeros planos.

¿Por qué ocurre esto? ¿Es la corrupción, a esta altura, un alimento requerido públicamente? Baudrillard tiene una interesante hipótesis: la corrupción sería la reconversión del privilegio, que era la regla de las sociedades anteriores y que hoy simplemente se ha tornado ilegal, agregándole, por tanto, un mayor encanto. Así, la corrupción sería en la actualidad una función vital, un mecanismo secreto de la sociedad, un servicio público.[10]

¿Es ésta una de las explicaciones posibles para nuestra tolerancia social a la corrupción? ¿Es posible que en algún punto sea insoportable generar sociedades sin privilegio? La corrupción sería, desde este punto de vista, la regeneración simbólica de prerrogativas que en otras sociedades eran abiertamente aceptadas. Sería la forma de generar diferenciadores en la baraja social, tal como existen reyes, reinas y comodines en la baraja habitual. Sucede también en otras sociedades, pero en la nuestra hemos desactivado por alguna razón el regulador –la justicia– y éste es un punto distintivo esencial.

10 - «Le miroir de la corruption», en *Ecran Total*, París, Galilée, 1997.

UN PACTO DE DESIGUALDAD

Todo esto delata una sociedad que, en su zona visible, declama la igualdad, pero que, en su zona sombría, no la tolera. Nos resulta intolerable, más allá de las formas que guardamos, el triple mandato de «libertad, igualdad, fraternidad». ¿Acaso hemos importado estos ideales por carecer de mano de obra calificada para diseñarlos, y los hemos dejado en desuso como las computadoras en las escuelas rurales?

Ideales revolucionarios importados en una sociedad prerrevolucionaria. Ideales de liberación para un pueblo que no quiere ser liberado, ideales de igualdad para un pueblo que, en sus actos, ama la desigualdad. Proclamamos ideales solidarios, pero somos indiferentes: así como evadimos los impuestos, evadimos en general las formas de asunción de los demás en nuestra propia existencia.

Por otra parte, la corrupción hace juego con nuestra función narcótica. Si no nos la sacamos de encima, es porque cumple una función tranquilizadora, como el ancla que no permite la deriva mayor, hacia el sinsentido. Fija el azoramiento colectivo en algo concreto, para que ese estupor no deba buscar una escala mayor de sentido que se encuentra ausente desde hace mucho tiempo.

Los episodios de corrupción están desconectados entre sí, pero se constituyen entre todos en una motivación gimnástica para la vida colectiva, que pega pequeños saltos reactivos de indignación. Estas pequeñas reacciones calman la sed inmediata, pero retroalimentan la noción de que eso es todo lo que estamos dispuestos a hacer con ellos.

Al ajustar algo más el análisis, es posible comprobar que entre nosotros la corrupción está legitimada *por su funcionalidad catártica*: su función sería la eliminación de las sustancias nocivas en nuestros organismos, por la vía de su colocación en la esfera colectiva. Esta tendencia está sumamente extendida y es observable, por ejemplo, en el hecho de que la mayoría de la población usa la calle pública como basurero propio.[11] Y, tal como ocurre en la calle, la corrupción deja sus desechos a la vista en el espacio colectivo. Así, a la par de haber privatizado los bienes del Estado, hemos terminado de estatizar uno de los «bienes» privados más extendidos.

Se ha señalado la falta de tradición cívica, falta de controles, falta de compromiso individual y colectivo para exigir mejores gobiernos, falta de demanda civil. Todo esto es cierto, pero se ha señalado lo que nos falta, y no lo que nos sobra. *Son nuestros sobrantes los que están operando hoy en la esfera pública.*

La definición de la corrupción como una confiscación, o como la «apropiación privada ilegal de un bien público»,[12] es sin duda apta para las convenciones escritas en nuestro cuerpo. Pero, si en nuestro cuerpo la corrupción significa una confiscación de lo público por medio de una sustracción privada, en nuestro pacto sombrío la definición ha sido reescrita:

11 - Sólo en el último día de la primavera se tiraron en el Rosedal 12.000 envases tetrabrik de vino y 6000 botellas de cerveza. La dicha es más difícil de soportar que la desgracia.

12 - Cf. Grondona, Mariano, *La corrupción*, Buenos Aires, Planeta, 1993, p. 151.

se trata de l*a desapropiación de una práctica privada mediante un depósito en la esfera pública.*

En otras épocas, se purificaban las pasiones por la vía de la contemplación de la tragedia, a través de la suscitación de piedad y temor. En esta época, se purifica la indiferencia frente a nuestra corrupción privada por la vía de la contemplación de la corrupción en la esfera pública.

Nuestro pacto sombrío es escrupuloso: la utilización de la esfera pública como sitio de depósito supone la misma cuidadosa elección que la de un banco y la misma consiguiente espera de un interés. Por eso no estamos interesados en la quiebra de la institución: la corrida de los depositantes es, en este caso, para que no les devuelvan el capital.

Sin duda, como se ha señalado, existe el peligro de la indistinción y de la generalización: «Si todos somos malos, en realidad nadie lo es».[13] Pero ¿de qué nos servirá seguir promoviendo la distinción en nuestro cuerpo, cuando es la sombra la que impera? Un autoanálisis no puede comenzar detallando las culpas de los demás en la desgracia propia, ya que su efecto es doblemente perverso: se sigue creyendo que el problema proviene del otro y se cree, por añadidura, que se está haciendo algo para resolverlo.

Prefiero, en cambio, señalar los beneficios secundarios que pueden estar operando tras esta desgracia primaria, para desarticularlos. Porque nada nos asegura, además, que la corrupción pública no haya pasado inadvertidamente al *status* de secundaria y que los «beneficios» hayan pasado al *status* de primarios. El cuerpo de la Argentina no es el sitio para seguir haciendo un análisis; en él se podría actuar directa-

13 - Cf. Giardinelli, Mempo, *El país de las maravillas*, Buenos Aires, Planeta, 1998, p. 339.

mente.[14] Pero desde nuestra sombra se está deteniendo el movimiento del cuerpo, y es la sombra la que hay que analizar.

La conocida definición de Robert Klitgaard señala que la corrupción es monopolio más discrecionalidad menos transparencia. C=M+D-T, cosas que a su vez, según Luis Moreno Ocampo, son las características propias de un gobierno autoritario. Por carácter transitivo, si lo que define la corrupción define un gobierno autoritario, un gobierno corrupto es autoritario.

Pero en nuestra sombra aplicamos la definición de Klitgaard en otro sentido: hemos hecho una concesión exclusiva a los poderes públicos, en una década que carece de excusas, para explotar discrecionalmente la corrupción, y en algún sitio obtenemos el beneficio que tiene todo monopolio. A su vez, no hemos dejado transparentar nuestro involucramiento: el aspecto verdaderamente difícil de controlar es la anuencia implícita de una sociedad. Y una sociedad corrupta es también autoritaria.

14 - Bastaría, por de pronto, poner en práctica lo sugerido por Luis Moreno Ocampo y Grondona en p. 134-138 y 164-168 del libro mencionado. o lo sugerido por el propio Klitgaard en *Combatting Corruption and Promoting Ethics in the Public Service*.

RESPUESTAS A UNA PREGUNTA NO FORMULADA

La corrupción es un engranaje de nuestro juego político y social. Hemos explicitado totalmente su regla de juego. Ya no es aquel borracho que, en una calle oscura, busca la llave bajo un haz de luz porque es el único sitio donde podría encontrarla, sino un borracho en un sitio con sobreabundancia de llaves y ausencia de cerraduras. Es más grave no tener cerradura que carecer de la llave.

Una realidad política que esconde su clave es como una cerradura aguardando ser abierta, aunque sea difícil; es decir, una incógnita aguardando ser interpretada. Nosotros no hemos sacado la llave y la hemos arrojado, lo que siempre es estimulante, porque anima a buscar una solución al dilema. Por el contrario, hemos arrojado la cerradura, le hemos sustraído el secreto al sistema, y ahora nos sobran cientos de llaves. Tenemos cientos de respuestas, cientos de soluciones para la corrupción, pero en el sitio donde importa, en nuestra sombra, no nos hemos formulado la pregunta.

Debemos acostumbrarnos a la intemperie y al descorazonamiento de esta situación. La ausencia de cerraduras es tan descorazonadora como la ausencia de prohibiciones. La vida en el paraíso debió ser indudablemente insoportable sin la prohibición. Si la prohibición no existiera, habría habido que inventarla, incluso antes que a Dios, dado que la prohibición media efectivamente entre hombres y dioses, y sin ella hay una desmotivación fundamental para entablar esa relación.

El paraíso interpretativo es también descorazonador, si de antemano se nos ofrecen las claves. Era una obligación desconfiar de nuestros representantes para mantener cierto grado de involucramiento intacto, pero ya nada nos ocultan. ¿Es hora de desconfiar de nosotros mismos?

¿Es posible mostrar todo sin que el todo se hunda? ¿Es posible poner todas las sombras a la luz sin que el ojo se enceguezca? ¿Vendrá en algún momento una brusca peripecia que detone esta situación y nos despierte de golpe? ¿O se ha humedecido la reacción social para siempre?

Por ahora, a la perfecta evidencia de las cosas en nuestro juego colectivo le corresponde la indiferencia también perfecta de los individuos, porque la primera es una forma de trazar la anulación de las diferencias. Si lo social es un cuerpo, como se dice habitualmente, si responde orgánicamente, puede que la indiferencia social sea un correlato de la indiferencia de la era Menem, un correlato de su barrido profundo de todas las distinciones.

ADIÓS AL REALISMO POLÍTICO, ADIÓS AL MORALISMO

Para acercarse a los fenómenos de esta era en la Argentina, entonces, no podemos tener una pretensión de realismo político ni de moralismo, en consonancia con una sociedad que ha resignado hace largo rato ambas cosas. No basta decir «¡qué barbaridad, esto no puede ser!», porque esta actitud supone pensar que estamos frente a los hechos y no dentro de ellos, y sólo alimenta el estado de anestesia colectiva. Sin duda, la peor complicidad es aquella que uno desconoce que está poniendo en juego.

Por realismo político entiendo la interpretación lineal y maniquea que hemos dado a nuestra sociedad en los últimos años. Hemos reproducido lo que ocurre sin pensar cuánto de lo que sucede reproduce lo que somos. Consignamos «los hechos» como si estuvieran dados, como si no los determináramos colectivamente en su construcción. Sin embargo, nosotros tenemos también, aunque de modo no demasiado kantiano, nuestras categorías *a priori* –la simetría, la corrupción, una temporalidad alterada, una causalidad suspendida, etc.– con las que diseñamos nuestra realidad social y política.

Es muy posible, por ejemplo, que las publicaciones que han puesto en primera plana la denuncia de la corrupción en forma lineal y realista hayan contribuido involuntariamente a ahondar el trance colectivo, por no entender que no se trataba de un fenómeno parcial de la sociedad, sino de un fenómeno de expresión global.

De las pesadillas se sale espontáneamente cuando se extreman, cuando la propia lógica del sueño se torna insoportable. A su vez, *el moralismo ya no es suficientemente despiadado para con nosotros*; es sólo un débil chasquido de dedos para con nuestro sueño. Es necesaria una interpretación que haga un desplazamiento repentino y no progresivo de nuestra situación.

Del mismo modo que a una ficción no se la vence con la verdad –dado que la ficción vive y se alimenta de la verdad, la ficción necesita para subsistir que se le coloque algo frente a lo cual contrastarse–, a la amoralidad se la puede vencer únicamente con una interpretación que le oponga un espejo. Tal como ocurrió con Narciso: el modo de derrumbar una imagen es oponerle su símil exacto, nunca un arquetipo referencial de las cosas que debieran ser, porque la referencia es aquello que la ficción necesita para fortalecerse. Mientras haya un mundo de las ideas, las apariencias descansan en paz. Mientras haya arquetipos, las copias gozan, porque todo el trabajo y el esfuerzo lo hacen los arquetipos.

Por eso, tampoco es eficaz, a esta altura, reclamar nada a nuestros gobernantes desde la moral: cuando son delincuentes, descansan gracias a que existe esa moral desde la cual se les habla y de la cual están afuera. En cambio, nada resiste a su imagen duplicada, nada resiste a la simetría. Hemos caído bajo el peso de una simetría, como hemos señalado antes, que terminará con alguna de las dos partes, con Narciso o con su imagen.

Sin embargo, visto con alguna esperanza, acaso esta simetría y esta confesión extrema de nuestra sociedad se hayan dado por instinto expurgatorio. Se ha actuado tal vez con la intuición de que era la única forma que la sociedad tenía de vencerse a sí misma. Tal vez la era Menem ha sido un intento último de nuestra sociedad de depurarse por exceso, porque aprendió previamente a liberarse de determinadas cosas sólo cuando las llevó hasta su extremo.

EL CANIBALISMO DE LAS SUPERFICIES

Hemos roto con la vigilia y hemos hecho un pacto con el sueño. Hemos roto con el cuerpo y hemos autonomizado su sombra. Estamos en la muerte de todo desdoblamiento entre la profundidad y la superficie, ya que, si hay desdoblamiento en la vigilia, ésta desaparece en el sueño en favor de una superficie única, en favor de una línea sin espesor. Es por ello que partes enteras nuestras pertenecen ya a la metafísica de las superficies.

No sólo la era digital está convirtiendo todo en superficie. Ya no interactuamos con cosas inmateriales y crecientemente abstractas –cajas negras como las denomina Norbert Bolz, es decir, cosas que usamos pero no comprendemos, como las computadoras–, sino que los criterios y puntos de referencia habituales de los usuarios de nuestra política están siendo también invalidados. La política es una caja negra que usamos y no comprendemos.

Una de las características del sueño es la modalidad de avance de las imágenes en forma de hipertexto, es la anulación de las perspectivas y de ausencia de un punto de referencia.

La representación política fue arrastrada hacia la presentación pura. Las antiguas sospechas de nuestra mirada han quedado inutilizadas por nuestra hipervisibilidad, superficie que muestra todo y de la que ya no es posible desdoblarse: todo está siendo devorado por la superficie.

Sucede también en los mercados mundiales: las grandes corporaciones han adquirido la forma superficial de los fluidos, más que la profundidad de los sólidos, y hacen *surf* sobre sus capitales a lo largo del globo, como sobre olas marinas. Y es improbable que este mar recuerde el nombre de cada uno de sus ahogados.[15]

Está claro, no obstante, que para calmar nuestra sed de realismo político, para calmar las categorías que aparecen en nuestro espejo retrovisor, *hay que producir una sensación artificial de profundidad*. Por eso, en nuestra política actual, tal como ocurre en la pantalla plana de la computadora, la profundidad ha pasado a ser un subproducto del diseño, un subproducto de la superficie. Es un efecto óptico sin nada subyacente.

Tenemos que seguir produciendo la ilusión de una dualidad representativa aunque la pantalla sea ya enteramente plana. La política ya está desintermediada en razón de la simetría, y los burócratas no son necesarios: son efectos tardíos de la época de la representación. Seguimos jugando a la representación, seguimos considerándola un concepto vigente, porque no sabemos cómo mirar la luz de las superficies, la luz que no proviene de ninguna lejanía.

Las imágenes no remiten a una realidad más allá, sino a sí mismas. Hemos decidido como colectividad no fingir ni disimular. Hemos decidido no ocultar bajo ninguna apariencia lo que ocurre; de allí, las revistas de actualidad obtienen parte de su material.

Lo interesante de esto es que fingir dejaría al menos intacto el principio de realidad, es decir, en

15 - En el reverso de una de las líneas inolvidables de García Lorca: «El mar recuerda el nombre de cada uno de sus ahogados».

algún sitio quedaría inscripto que creemos en otra cosa. Pero fingir no es posible más que si uno cree en algún principio que opere en la trastienda. Y cuando uno no finge más, cuando se hace evidente la anulación del doble juego, es que se ha operado una mutación sobre nuestro principio de realidad.

Hemos minado el principio de realidad política y en su sitio hemos cultivado las flores de la corrupción, verdadero jardín botánico que alberga las especies más variadas, catalogadas con su explicación debajo, aunque no en latín, dado que esta lengua no habría logrado nunca llegar a nuestra sofisticación de las especies.

ARGENTINA NOMINAL/ ARGENTINA REAL

EL CRÉDITO POLÍTICO

No es fácil, por tanto, describir nuestra sociedad en términos reales. En la expresión «términos reales» utilizo la doble acepción económica y metafísica. En nuestra vida habitual, los vasos comunicantes entre economía y política funcionan en forma simultánea, pero las disrupciones temporales que padecemos, y de las que hablaremos luego, han creado un efecto de retardo en la comunicación de un vaso a otro. Y pareciera que el vaso económico de los 80 se ha trasladado a la política de los 90.

En el sentido económico, hemos estabilizado la economía, homogeneizándola en términos reales, tornándola comparable consigo misma, al sustraerla del imperio de la nominalidad pura. Pero una vez vaciada de contenidos, *ha quedado en nuestra sociedad esa energía nominal sobrante y la hemos transferido a la política*, que es devorada hoy por una tasa de inflación que no permite a ningún hecho cobrar valor.

La permanencia del valor ha muerto en nuestra vida política, y por eso, pueden sucederse hechos que, por su nominalidad pura, han abandonado la esfera de lo que ocurre «en términos reales», para comenzar a ocurrir precisamente en la esfera de los términos nominales.

En economía esta distorsión se subsanaba haciendo un balance ajustado, es decir, convirtiendo lo nominal en real. Pero en política carecemos de índice de ajuste para hacer el balance; los hechos carecen de una tabla de valor homogénea para ser calibrados, y no hay un índice objetivo para medir el deterioro de la realidad política.

La sociedad recibe, como accionista natural de la situación, dividendos nominales bajo el aspecto de poder votar, poder «elegir», dividendos que, a la hora de pretender funcionar en la esfera del valor, son descartados al igual que la moneda falsa. La votación es como una compra a crédito, con la salvedad de que somos a su vez la mercancía vendida, somos nosotros quienes damos el crédito que nos deben devolver en cuotas. Pero la política argentina ha entrado en *default* al igual que, hace unos años, el dinero mismo, y nos cuesta seguir dándole crédito. Por eso los políticos se apoyan tanto en los sondeos: es la forma de recibir adelantos en efectivo, porque el crédito de la representatividad está anulado.

En la época de hiperinflación económica, se anuló totalmente el crédito económico; hoy se ha anulado el crédito a los hechos políticos, aunque seguimos votando, del mismo modo que ayer seguíamos usando la moneda. No creemos en la permanencia del valor pero lo hacemos circular.

La velocidad de circulación del dinero sin respaldo contribuye a la inflación; *la sucesión acelerada de hechos sin consecuencias ha hecho declinar el valor de los hechos mismos en la Argentina*. Y si el trueque, como recreación privada del valor, es la forma que le queda a la economía una vez que se ha desquiciado, tal vez la solidaridad individual sea la forma que les quede a los lazos sociales para recrear el valor, luego de haber muerto su circulación colectiva.

Hoy los peligros sobre la esfera económica parecen estar, según los expertos, más del lado de la deflación que de la inflación. A la economía podría ocurrirle una crisis de demanda que fuera depresiva sobre los precios y sobre el valor de las mercancías, en una sucesión inversa y pendular a la de la escalada inflacionaria.

Pero ¿qué ocurriría si a la actual erosión del valor político, causada por la inflación de los hechos, le estuviera siguiendo una depresión política originada en la consiguiente ausencia de demanda de la mercancía política, es decir, *un* crack *de la noción de representación misma*?

La desocupación comienza a alcanzar también a nuestra democracia. Hay una vacancia de recursos políticos genuinos dejados de lado sin uso, tal como se ha dejado de lado sin uso a millones de trabajadores, genuino recurso económico.

La convertibilidad logró, en su momento, la reaparición del crédito, es decir, la posibilidad de gratificación inmediata junto a la postergación del sacrificio. Y junto a ello se produjo la aparición del crédito político, pagable en cómodas cuotas. Así como se desaceleró la velocidad de circulación del dinero, se desaceleró la velocidad de erosión del capital político que el gobernante obtenía al comienzo de su gestión. Antes, este capital, al igual que el otro, se gastaba velozmente, evitando que la realidad se encargara de hacerlo.

Menem vivió, en esta década, picos en esa sensación maravillosa e ilusoria que produce el crédito. Vivió de la monetización política que logró, verdadero circulante por el que no debió pagar intereses. Su capital le alcanzó incluso para proteger a la gente de su entorno, gente a la que le prestó de su cuenta sin ocasionarle demasiada mella. Pero hoy, el grado de endeudamiento simbólico que ha generado la era Menem para con nosotros mismos es tal que puede bajar pronto nuestra calificación crediticia y enviarnos a la quiebra, porque toda nuestra deuda puede volvérsenos inmediatamente exigible.

DEL MERCADO PARALELO AL ÚNICO

Utilizar las categorías duales de la década de los 80 puede llevarnos, en los 90, a la quiebra teórica, tal como llevó a muchos a la quiebra económica. Ya hemos pasado, en varios sentidos, de la tasa de cambio variable a la única, de la flotación a la fijación y, en particular, del mercado paralelo al único. Hay una progresión paralela de la historia de la moneda, del discurso, y de los acontecimientos en el abandono de las formas del mercado negro.

Toda nuestra actividad estaba siendo bien ejemplificada en la noción de mercado negro de divisas, uno de los desarrollos argentinos mejor logrados. Así sucedió hasta la era Menem, en que el mercado se convirtió en mercado único, en mercado blanco. Pero seguir utilizando su simbología sería seguir observando la realidad en *rearview*.

Aunque podría pensarse que, luego de la convertibilidad, el mercado negro pasó de la economía a la política. Se mantuvo la misma práctica, aunque con diferentes «arbolitos». Por eso nuestros nuevos «arbolitos», plantados en los pasillos oficiales, también susurran «cambio, cambio», cuando se aproximan las elecciones, sabiendo que cualquier intento de alterar el 1 a 1 de sus prácticas será implacablemente cambiado por la misma cosa.

El mercado negro de acontecimientos, vigente

también en otra época, significaba la búsqueda de ocultamiento, de disimulo, de anonimato. El mercado blanco de los acontecimientos genera ahora hechos de una sola faz, monedas que caen siempre con la misma efigie, monedas talladas igual en el anverso y el reverso.

Antes, detrás de lo que aparecía, se jugaban las verdaderas formas. Pero nosotros hemos empezado a jugar en todos los ámbitos una realidad posplatónica, uno de cuyos distintivos es la aparición pura y simple de los fenómenos, sin nada detrás.

Antes, los acontecimientos estaban eslabonados, unidos, pero en algún sitio se cortó el collar, dejando caer las cuentas a su suerte. No es necesario cortar cada uno de los hilos que conectan los hechos entre sí: basta cortar un punto para desarmar el collar. A la versión de Arquímede,s «dadme una palanca y os levantaré el mundo» bien puede oponerse «quitad una palanca, un conector, una cuenta, y os derrumbaré el mundo».

Nuestra sombra despegada de su cuerpo no es una forma dualista de comprender la realidad. No señala una diferencia espacial o de «topos», sino una asincronía, una rémora del sentido frente a los hechos, o a veces, una ausencia de sombra. La sombra desaparece cuando es de noche o cuando es mediodía, momento en que la fuente de luz es vertical. ¿Nos habremos quedado en la noche o en el mediodía permanente de nuestra historia?

DUALISTAS INDIVIDUALES, MONISTAS COLECTIVOS

Estamos en una época política signada por la ausencia de polaridades y por una indistinción profunda, a la vez que gobernada por la escala personal de esa indistinción: la indiferencia de muchos para con muchos. En realidad, no estamos frente a una sociedad incrédula que haya abandonado los valores. Simplemente los valores han sido reemplazados por ilusiones más leves, en las que nos permitimos creer con mayor virulencia.

Cada uno de nosotros es, en forma individual, profundamente dualista, además de realista. Creemos individualmente en la verdad y en la mentira, en la representación y en el progreso, creemos que hay un sitio adonde llegar y que estamos en camino hacia él. Pero colectivamente, en el plano del sentido, en el plano de nuestra sombra, descreemos palmo a palmo de todo ello.

Somos, por tanto, propensos a utilizar la disyunción en forma individual y a usar la indistinción y la conjunción en forma colectiva. Curioso cuerpo que toma una dirección inversa a la que «desearían» sus partes integrantes, como si el paso colectivo se empeñara en pisar en dirección opuesta al paso individual, como si la suma de nuestros rostros configurara un rostro final con las huellas de otro tiempo y de otra historia.

Somos una sociedad –de hecho– sin Estado, pero con las lacras formales de él. Hacemos equilibrio por el borde entre tenerlo y no tenerlo, absorbiendo lo peor de una y otra cosa: no realiza bien los roles conferidos, a la vez que, al estar conferidos, quedan desligados de toda responsabilidad individual. Existe el poder, pero en forma de abuso; existe la seguridad pero corrupta; existe la justicia pero lenta. Hemos dado toda la vuelta, hemos regresado al estadio de una sociedad sin Estado, como aquel que sale a recorrer el mundo y vuelve a su casa inadvertidamente por la puerta de atrás.

Los ciudadanos, al emitir el voto, no tienen incidencia alguna en las políticas que se llevan a cabo. El grado de mediación es tan inmenso, y la ausencia de organizaciones intermedias tan grande, que el impulso inicial nunca llega a la otra parte, como en una red eléctrica cuando se le ha disminuido la tensión. No hay regulación para el sistema, y así prosigue la pantomima colectiva.

POLÍTICA DE DERIVADOS O EL AMOR POR EL *LEVERAGE*[16]

Nuestra política es más de derivados puros que de realidad alguna, tal como los millones de operaciones de derivados que nunca tocan la economía real, o los mercados de futuros, cuyos contratos de entrega de mercadería real nunca se llevan a cabo, mercados de los que prácticamente ha desaparecido la mercadería física.[17] El funcionamiento pantomímico de nuestra política y de sus representantes procede como los derivados: realizan millones de operaciones que nunca tocan a los ciudadanos, otrora destinatarios reales de la política.

Y proceden como los derivados en más de un sentido: aprovechan los movimientos de la política real –elecciones, votaciones parlamentarias, decretos de necesidad y urgencia, leyes– para hacer negocios que no tocarán la política real ni aquello para lo cual fueron elegidos, sino sus propios destinos (léase, bolsillos).

Un pequeño movimiento en la vida real anima un enorme movimiento en la vida virtual, como un

16 - Apalancamiento del que gozan determinadas herramientas de inversión, como los derivados financieros.

17 - Se calcula que lo transado en una semana, sólo en los mercados de monedas, excede el valor de los bienes transados internacionalmente en un año. Véase el artículo «Government isn't disappearing. It's being disintermediated», de John Browning, en *Wired*, enero de 1998.

grano de azúcar en el hormiguero. Pero no protestemos: ésta es la regla de juego que hemos acordado para el proceder de nuestra vida política.

En otro tiempo, estos eventos podrían haber generado crisis, cosa que ya no ocurre porque no estamos desdoblados. Los acontecimientos nos envuelven uniformemente. Podemos apostar a una evolución o involución sólo espontánea, como si fuera un organismo no divisible, gobernado no por su propia síntesis, sino por una narración contada desde afuera.

Se ha congelado el elemento precipitante; no hay incidente que lo active. Si las crisis son un desarrollo de algo nuevo, tal vez podamos hipotetizar que lo que vuelve ante nuestros ojos, lo que fluye desde y hacia adentro de ellos a modo interpretativo, es un eterno retorno de imágenes ya vistas.

Cualquier novedad desafía a la adopción del lenguaje que la contrarreste o que le hable en su mismo tono: a nuestro lenguaje le falta aire y tal vez por eso no entra en combustión con los acontecimientos. O tal vez los acontecimientos vienen ya en estado no combustible, humedecidos por su repetibilidad constante.

LA OBESIDAD POLÍTICA

LA AUSENCIA DE FUNCIÓN SACRIFICIAL

Recientemente apareció por televisión una señora de 135 kilos, que se dedica al *striptease* en la noche porteña. En su presentación aparecía absolutamente orgullosa de sí misma, dado que ha logrado cierto éxito en su actividad. Es aplaudida por grupos de adolescentes a quienes, a pesar de tener códigos de raquitismo para sus propios cuerpos, les hace gracia esta masa ambulante que juegan al erotismo. Inclusive se codean y se dicen admirados entre sí: «Mirá qué bien, ¡cómo baila la gorda!».

No puedo imaginar nada más parecido a la Argentina política de los 90, que se ha convertido, desde hace tiempo, en una masa obesa sin función expurgatoria. Somos un cuerpo que come sin parar y no elimina, un cuerpo que no genera detritus externos sino que los recicla internamente una y otra vez. Nunca un funcionario es expulsado, rara vez alguno es condenado, jamás renuncian por ninguna razón, rara vez dejan de ser reciclados en alguna nueva función, aunque hayan tenido responsabilidad directa en los temas más resonantes de corrupción.

Hemos aniquilado la función sacrificial en nuestra vida política, y lo que no se sacrifica en el momento justo, permanece como un elemento cuya potencial función es sacrificar a la totalidad. Las cosas se vengan de no ser sacrificadas a tiempo.

Estamos lejos de una política ecológica que elimine la basura en bolsas diferenciadas para su reciclaje. No es el caso: nuestra política se recicla en el acto sin proceso alguno, sin pasaje por otro estadio, sin pérdida de ninguna naturaleza, sin dejar nada en el camino. Hemos llegado, sobre el final de los 90, al extremo de la obesidad política, con sus consiguientes riesgos de infarto.

La Argentina recibe todavía, al igual que aquella *stripper*, admirados elogios: «¡Mirá qué bien hace equilibrio su PBI a pesar del desbalance entre sus instituciones!». Elogios de adolescentes divertidos, que declaman códigos individuales moralistas, pero no exigen lo mismo de la esfera colectiva. Nuestra compulsión oral es doble: mientras la gorda prospera absorbiendo la comida de quienes no la tienen, el resto sólo habla de la corrupción, pero nada hace contra ella. El gobierno de Menem no hubiera sido reelegido por el 50% de la población si no fuera así.

«Lo mío es todo hormonal, apenas tomo un té con leche a la noche antes de acostarme», señala la gorda desde el gobierno, minimizando la obesidad, mientras se mira en el espejo cóncavo de la economía, que la hace aparecer más flaca. Ante las denuncias se dice: «hay que ir a la justicia», coartada redundante, dado que no es necesario pedirle a la gorda un examen de colesterol para notar que está excedida de peso.

La justicia, en los casos en que opera, tiene apenas el efecto de un chicle laxante frente a nuestra hipertrofia corporal. ¿Creemos, por un minuto, que las denuncias mediáticas producirán alguna toma de conciencia en la gorda y en quienes la aplauden? De ninguna manera: a esta altura es apenas otro kilito de más.

Los inversores, en particular los cercanos al poder,

amaron pragmáticamente en estos años sus volúmenes renacentistas, porque la gorda es dócil y finalmente algo convida. Por eso siguen congraciándose con ella; la siguen sacando a bailar, con tal de que no se empañen sus ojos, en los que no ven un reflejo del alma, sino del PBI y, por consiguiente, de sus balances.

La oposición, luego de haber sido desplazada por la gorda, luego de años de no ser sacada a bailar, al dar sus primeros pasitos en la pista, ha comenzado también a engordar. Y cuando en su propia casa alguien señala este hecho, se reacciona con la indignación de Obelix: «¿Gordo yo? Un poco entradito en carnes tal vez, pero no gordo». Es verdad, no es que esté gordo, sino apenas un poco fofo: medidas realmente drásticas para adelgazar, no ha tomado ninguna.

«Esta modelo está agotada», dice otro de los opositores, y los secretos amantes de la gorda se aterrorizan. «No, no –retrocede después–, sólo hay que cambiarle el vestido.» Pero este vestido, como el de Lewinsky, sin duda dejará también sus huellas.

En el fondo, es ingenuo pensar que un cuerpo que come no expurga. Lo que sucede es que nuestro cuerpo come en lo visible y expurga en lo invisible. Lo sacrificial opera de todos modos, pero se da del otro lado, en el eje del sentido. Cuerpo obeso y sombra escuálida, símil perfecto de la relación entre nuestra vida colectiva y su sentido.

La Alianza fue el primer bebé nacido de interpretar la obesidad política de la Argentina como un embarazo. A su vez, para constituirse, se mimetizó con las estrategias del peronismo, al congregarse alrededor de la ausencia de identidad.

¿Es la solución la reproducción asexuada de lo político, frente a la esterilidad política reciente? La

Argentina ha pasado, sin escalas, de la adolescencia violenta de los años 70 a la menopausia política de los 90; ello se muestra en el hecho de que en más de diez años no hayamos generado figuras políticas alternativas a Menem. Bajo el estado narcótico colectivo, no ha habido, hasta ahora, lugar para un sistema antagónico, fruto de la homogeneización del espacio. No hay más enemigo: la absorción crítica sin consecuencias de los mensajes políticos es impactante.

Sin embargo, sabemos que no puede nuestro país llegar a la obesidad política sin que sus integrantes lo permitan y sin que, a su vez, padezcan un sobrepeso personal. Decimos de día: «apenas probé bocado», con un mohín culposo, pero a la hora que nadie nos ve, como aquel que se levanta en silencio de noche para desmantelar la heladera, nos deleita también la corrupción. Simplemente, alguien mucho más gordo en la esfera pública opaca nuestra obesidad personal en la esfera privada.

Tal vez sea por eso que, por muchos años, hemos decidido seguir dejando comer a nuestra *stripper* y, en la noche, se sigue llevando los aplausos. Y acaso por eso tienen rating los programas que exhiben deformidades: su atracción proviene de ser nuestro propio espejo, sin que nos demos cuenta de ello.

Hemos decidido colectivamente, por ahora, escapar a toda dietética. Y aunque es posible que alguna vez lipoaspiremos la grasa de nuestra vida política, la piel de la democracia habrá quedado inevitablemente arrugada.

UNA SOCIEDAD GÁSTRICA

Somos una sociedad predominantemente reactiva, que sólo se revierte cuando llega a un extremo. En línea con nuestra obesidad, no somos una sociedad pensante sino una sociedad gástrica: mutamos por indigestión, como lo muestran ejemplos recientes de nuestra historia (Malvinas, híper, etc.). Hasta nuestra solidaridad es gástrica: responde cuando la aquejan situaciones extremas, como el caso de las recientes inundaciones de 1998.

Es posible entonces que ahora nos indigeste la inacción. Porque fuimos plenamente reactivos hasta cierta altura, hasta la década reciente, en que pusimos fin a las categorías propias de una temporalidad funcionando a pleno, y no a las de una arritmia del tiempo.

Quizás alguna vez la Argentina haya sido sinónimo de actividad, pero en las últimas décadas pasó a serlo de reactividad (el 83 frente al 76, el 89 frente al 83), y en años recientes pasó a ser sinónimo de pasividad, último grado de la escala.

Ya la reacción es un valor pobre frente a la acción, pero al menos supone la aspiración a diferenciarse. En los 90 nos ha quedado la pasión (en el sentido de padecer) como forma política, y la forma que ha adquirido la pasión es la de la indiferencia. Las cosas apenas nos han conmovido en estos años, como si las hubiéramos esperado.

En esto yace el peligro de que, como adictos que necesitan dosis crecientes para sentir, necesitemos catástrofes crecientes para despertar. Hemos sido, en los 90, un pueblo que cada dos años ejerció cosméticamente su capacidad electoral, pero sin verdadera voluntad de cambiar el curso de las cosas, que ha sido elegido en otro plano.

Como dijo recientemente Jaroslavsky, sólo hay dos creadores contemporáneos en la política argentina: Menem y Alfonsín. Hemos llegado a ello porque, digan o hagan dislates, siguen teniendo la iniciativa, es decir, la acción. Y la clave está en que enunciar políticas lleva kilómetros de ventaja a denunciarlas.

La secuencia argentina parece haber sido, entonces, acción, reacción, pasión, o en otros términos, enunciación, denuncia, renuncia. A esta secuencia deben agregarse sus naturales correlatos de identidad, diferencia e indiferencia. Nuestra esperanza es que esta trilogía en algún momento agote el tercer estadio y que se comience nuevamente por la acción.

EL *STRIPTEASE* DEL DISCURSO

El habla de los políticos es la maldición extrema del lenguaje. No hay receptividad posible para un lenguaje devaluado hasta el extremo por su emisión sin respaldo, sin patrón alguno de valor, sin reservas de sentido que le den permanencia. El discurso de nuestra política es el de significantes nacidos sin voluntad de significar, un brote directo de la escoria del sentido.

También hemos abandonado el mercado negro del lenguaje: del doble discurso, de lo visible como decorado hemos pasado a la literalidad absoluta.

Veamos el episodio reciente, citado por *Clarín*:

«El diputado Fernando Galmarini dijo a radio Libertad que viajará al Mundial 98:
Chiche Gelblung: ¿Los diputados piden licencia cuando quieren?
Fernando Galmarini: No, no. En realidad, la licencia que vos pedís por... como si estuvieras enfermo, como si tuvieras algún trámite familiar que hacer».

Ya ni el encanto de adivinar nos queda. Las trampas vienen con un subtitulado aclaratorio.

Al igual que el cambio fijo en una economía con

mercado paralelo, su forma extrema de incon-
vertibilidad, cada palabra pronunciada, no sólo carece de respaldo, sino que va más lejos: destruye deli-
beradamente el sitio donde habitaba su correlato de
sentido. Es la estrategia de la tierra arrasada del sentido: hablar sin dejar trazo alguno, sin dejar dirección
posible para lo dicho. Ello permite decir exactamente lo contrario poco después, sin consecuencia alguna, como ha sucedido tantas veces con Menem. La
noción de discurso supone el curso de un término a
otro, es decir, elaborar una forma de enlace y concatenación secuencial, que nosotros hemos perdido.

Estamos en un hemisferio político en el que la
capa de ozono del sentido está debilitada, y, por lo
tanto, el lenguaje recibe radiaciones que lo deterio-
ran. A ello estamos expuestos diariamente, tal como
a la luz del sol, y la única forma protectora que hemos inventado es la ausencia de escucha, una indiferencia sobre la que resbala el discurso de la política.

¿Es el discurso sin sentido una estrategia de emisión para producir la incapacidad de respuesta de la
otra parte, una estrategia de producción de indiferencia? La estrategia de ahuecamiento del lenguaje es
la de forzar al otro a quedar sin respuesta. Doble situación, entonces, de tierra arrasada: la del discurso
de nuestros políticos que borra el sentido, la de la
escucha misma que borra la disponibilidad.

Todas las enunciaciones del discurso político nos
hacen pensar en la sombra de lo que dicen, pero tal
vez obedezca a un viejo tic de encontrar un doble
sentido o de pensar que tras lo que se dice no hay
nada. Sucede que no hay nada, pero adelante.

Y en el lenguaje, tal como ocurre en la economía, no se emite graciosamente sin endeudamiento.
Nuestra deuda con el significado crece minuto a minuto, sólo que no hay para ella un reloj que pueda

computar los intereses que se devengan por segundo, tal como ocurre con la deuda externa.

Nuestro lenguaje está siendo despedazado. Nos repartimos día a día sus jirones y pronto venderemos las palabras en el mercado de pulgas, en consonancia con la vejez que el significado está comenzando a tener para nosotros.

No es el espejo de la escucha lo que deforma lo dicho, como haría un espejo cóncavo frente a una imagen lineal, sino que es la forma cóncava de emisión del lenguaje la que conforma una línea recta en su destinatario, línea que anula la escucha, línea recta como la de un encefalograma en el que no hay reacción.

Si, como Wittgenstein señala, los límites de nuestro lenguaje son los límites de nuestro mundo, la emisión del lenguaje político ha expandido brusca y amorfamente el silencio político, dejándolo a merced de la indiferencia interna.

Lo mismo que con aquella paradoja de Olbers, mencionada más arriba, sucede con la retórica política: todos los contenidos *se tornan equivalentes y se defienden de la acumulación, precipitando el sentido fuera del discurso.*

LAS ODALISCAS DEL SENTIDO

Siempre le hemos exigido a la política la suspensión del doble discurso, y ha sucedido algo terrible, como cuando se cumplen nuestras plegarias de modo excesivo: lo hemos logrado. El doble discurso está en la fase de completar su *striptease*, para que el discurso simple ocupe ahora el sitio. Los dobleces del discurso son los que permiten mostrar y ocultar alternada y progresivamente. Sucedió con la instalación provisoria de la re-reelección: un día se instaló el tema, al poco tiempo el Presidente publicó una solicitada desmintiendo que persiguiera la reelección, luego la instigó judicialmente, después renunció a ella, etc.

Nuestro discurso político no obedece al movimiento coherente de ocultamiento de las intenciones, sino al de una odalisca moviéndose entre velos, creando una forma de excitación e ingravidez política, con las idas y vueltas de la desnudez. La fascinación no proviene de que no se sepa lo que hay debajo de los velos, sino del movimiento mismo de ocultamiento y desocultamiento.

La era Menem no sólo produjo un cambio del régimen de visibilidad de la política argentina, sino que cambió también el régimen sonoro: para hacer circular una idea y asegurar su permanencia entre nosotros, sólo hay que instalar una palabra. Una palabra, por más extraña y disparatada que sea, pero que simplemente suene.

La ausencia de propagación política de las cosas, aun de las más extrañas, se encargará de que el sonido no se disipe y permanezca. Ya sucedió dos veces con la reelección. Los debates y las protestas pasan por encima del sonido de fondo que se ha instalado. El emisor de la palabra puede negarla luego, pero ella no dejará de estar allí.

Extraña fijación del sonido. El sonido se produce por una vibración que perturba el aire hasta que las ondas se propagan. No es que nuestros políticos carezcan de vibración propia, sino que nosotros hemos producido una forma de vacío alrededor de ellos. La palabra carece de significado, no hay ventilación que disuelva las nubes tóxicas del lenguaje político.

A la vez, hay una fascinación en la ruptura a la vista de toda creencia en un principio de contradicción. El análisis político habitual sigue enojándose con la pérdida de coherencia del discurso, como una liga moralista que se escandalizara frente al *strip-tease*. Afuera del cabaret se hacen los discursos que explican la incoherencia, pero adentro están los consumidores, que prefieren el *strip* a las amonestaciones del realismo y de la oposición.

Exigir en la Argentina consecuencias para lo que se dice, es como pedir que en la luna los cuerpos caigan al suelo con la misma aceleración que en la tierra. Es esperar que las palabras procreen, seguir aguardando gravidez de algo que ha entrado decididamente en la ingravidez.

EL AJUSTE DE LA VISIBILIDAD

WYSIWYG (*WHAT YOU SEE IS WHAT YOU GET*)

¿Ha sido la historia reciente un proceso de confesión simétrica, una búsqueda de tornar nítida una imagen borrosa en el espejo, un proceso creciente de visibilidad? Puede que esta última imagen que fue ganando claridad haya tenido otra derivación, fuera de la pérdida de perspectiva y el adormecimiento. Acaso sea natural que un país que ha perdido su sombra se encamine hacia la visibilidad total.

Lo que se ha producido justamente en estos años en la Argentina es la entera ruptura del patrón que reglamentaba lo visible y lo oculto. A un pueblo naturalmente desconfiado no se lo subyuga escondiéndole las cosas, lo cual reforzaría su tendencia natural, *sino mostrándoselas en exceso.* Todas las evidencias de nuestras prácticas habitualmente ocultas han sido puestas frente a nuestros ojos, de ahí nuestro desconcierto total. Para todo universo visible había antes un universo invisible que le daba sentido o que lo protegía de su vaciamiento. Ahora se ha forzado tanto la visibilidad que hemos roto nuestra forma previa de mirar.

Siempre estuvimos acostumbrados a la dualidad, hasta la llegada de la era Menem en la que ciertas cosas perdieron abruptamente la duplicidad. Hemos diseñado, en esta era, una política WYSIWYG (*what you see is what you get*).[18] En los programas de computación se denomina así a la noción de que lo que usted está viendo en pantalla es exactamente lo que obtendrá luego impreso en el papel.

En nuestros programas políticos ya no se observa decencia y se obtiene corrupción. Eso sucedía antes (la corrupción no ha cambiado) pero en nuestro nuevo régimen usted ve corrupción y obtiene corrupción. Ha habido un viraje brutal desde el ocultamiento hacia la mostración. Ya no se hace pasar gato por liebre: todos parecen gatos, y además, lo son.

Esto tiene implicancias muy serias para la mirada, una de las cuales es la ruptura de credibilidad del ojo consigo mismo. El ojo de los argentinos estaba acostumbrado a desconfiar de lo que veía, pero ahora la fuerza de la mostración total le devuelve su energía como un *boomerang* y se ve obligado a desconfiar de sí.

El ojo de los argentinos estaba acostumbrado a que las cosas se presentaran como una destilación de un sentido que permanecía fuera de la vista, estaba acostumbrado a que lo visible no fuera más que una muestra y un precipitado del sentido de algo que aún permanecía oculto. Detrás de lo que se veía quedaba filtrado el elemento que ofrecía la clave para descifrar lo visible. Lo visible siempre ha sido entendido, entre nosotros, como un acertijo para el ojo; es inverosímil para nuestra mirada y, por tanto, en el aparecer de las cosas, el ojo podía completar su significación. *Pero nuestro ojo fue obligado a convertirse a una nueva metafísica.*

Se le exigió un doble acostumbramiento, un doble desplazamiento, un doble ejercicio al cual no es-

---

18 - Lo que usted ve es lo que obtiene. Expresión usada para la sociedad toda por Debray, Régis, en *Vida y muerte de la imagen*, Buenos Aires, Paidós, 1994.

taba acostumbrado. El ojo ahora se encuentra obligado a abandonarse a lo que ve, a la vez que está obligado a abandonar la trastienda de lo que ve. Se ve obligado a subir a la superficie de los hechos y a confiar en ella, en los primeros planos.

El ejercicio de ajuste de la mirada, el hábito constante de puesta en foco del sentido es ahora vano, y a nuestro ojo le ha quedado inutilizada una facultad altamente ejercitada. La era Menem fue la aniquilación súbita de la profundidad de campo, de la diferencia de planos: porque todo quedó delante, inmediatamente en foco.

Nuestro olfato interpretativo se ve entonces desconcertado: no hay que desviarse de lo inmediato, no hay que desviarse de la primera evidencia, no hay un detrás en nada de lo que aparece. De esta manera no nos será ya posible salir de la caverna platónica: sólo nos queda como posibilidad adentrarnos en las figuras que se reflejan en la pared, cosa que de hecho está ocurriendo: tenemos una imagen política que ha dejado de estar enfrente de nosotros y hemos pasado a estar digitalizados y dispersos dentro de ella. La política ha dejado de ocurrir delante de nosotros para ocurrir en los intersticios de los ojos, para ocurrir sin mirada alguna que la registre; de ahí también la anulación de la perspectiva. Se ha invertido la situación habitual: ahora es la secuencia de los hechos la que nos mira.

El ejercicio inercial de ajuste de la mirada, cuya energía proviene de otras épocas, no nos deja ver lo que está delante; ese trabajo de *zoom* ya innecesario deja vacante las restantes posiciones del ojo a la vez que satura un plano único. Así el ojo, por falta de movimiento, ha entrado en una forma de parálisis y entumecimiento de su función.

Pero no se confunda nuestro régimen de visibilidad con una *glasnost*. La noción de transparencia implica dos planos, uno debajo de otro. La transparencia supone también algo detrás, una imagen que emergería al trasluz. Aquí hay un solo plano casi inverosímil por su ausencia de doble sentido.

Somos ahora cómplices de los acontecimientos, nos miramos de reojo en tanto cohabitantes de un mismo espacio, como partícipes en la maniobra de la superficie. Tal vez a esto pueda imputársele la inacción social frente a esta era. La era Menem aprendió que podía hacer casi cualquier cosa, mientras cumpliera el requisito de hacerlo a la vista, más a la vista de lo que nadie pudiera soñar.

Como los tiburones que huelen la sangre, nuestro olfato huele lo oculto. Y nuestra sociedad siempre ha despedazado a los que operaban de modo oculto, del mismo modo que despedazó la moneda cuando intuyó que en forma oculta se tomaban decisiones que incidirían en su desvalorización. Por eso, en cierto momento, el Estado no pudo emitir más dinero, financiarse con la ignorancia o falta de información de la gente, porque los ojos colectivos estaban entrenados en detectar las formas ocultas.

Sin embargo, nuestra sociedad nunca se había topado con la modalidad inversa, la de colocar todo a la vista, y por ello, el Estado pasó a financiarse ahora con una nueva forma de incredulidad y de inacción.

EL NUEVO RÉGIMEN DE VISIBILIDAD

Ha sucedido entonces un desborde de la visibilidad fuera del campo de la mirada, capacitada para enfocar acotadamente y sospechar ilimitadamente. La reversión de este esquema fue íntegra: quedó fuera de uso el enfoque y fuera de uso la sospecha. La sospecha pasó a ser una categoría innecesaria frente al nuevo régimen de visibilidad.

La era Menem actuó directamente sobre el ojo de nuestra sociedad. El ojo fue el órgano más afectado, por la aproximación de lo visible al punto en el cual sólo se distinguen las partículas o los *dots* que componen la imagen de la realidad, y no la figura en perspectiva. La era Menem actuó sobre nuestro principio de visibilidad y también sobre aquello que el ojo torna visible o invisible. Hemos logrado no ver lo que se presenta de forma excesivamente evidente.

Un prestidigitador que comienza haciendo desaparecer un paquidermo no necesita luego demasiado esfuerzo para hacer lo mismo con una paloma. Haz desaparecer un animal grande y podrás luego hacer desaparecer un zoológico entero. El ojo mismo, con su credibilidad, te ayudará.

El régimen de visibilidad comenzó a cambiar, en los 90, con el indulto a los militares.[19] El indulto fue el primer testimonio de que aquello que existe anuncia su inexistencia en un primer plano. Algo que existía de modo implacable fue desafiado a la vista de todos a no existir, en un gesto similar al de alguien que se colocara largo rato frente a nosotros y dijera: «Usted me está viendo pero no existo. Refriegue los ojos, no estoy en ninguna trastienda. He dejado de existir, aquí, delante suyo».

Aquella fue la primera decisión de tornar invisible lo demasiado visible, no por la vía del olvido, como habitualmente se interpreta –olvido que no es posible decretar–, sino por la vía de una ley obscena.

Desde hace mucho, y sin duda desde el psicoanálisis, sabemos que es imposible tornar inexistente algo por la vía de su relegamiento fuera de la visión, o por la vía de su represión, pero no estaba dicho que el modo más eficaz para hacer desaparecer algo fuera mostrarlo del todo. Ya Nietzsche decía, en otro plano, que hablar mucho de sí mismo era uno de los modos privilegiados de esconderse. Abusar del primer plano es uno de los modos posibles, y en este caso fue el privilegiado, para tornarse invisible al ojo que mira.

Las cosas detestan la fuerza bruta, la resistencia a dejarlas ser, por eso nunca serán vencidas mediante el ocultamiento. Grave error tratar a las cosas mediante la represión de su aparición: es el modo más seguro de activar un *boomerang* más violento y potente que la fuerza de su aparición habitual.

Pero, a su vez, nada resiste la exposición permanente. El ojo y aquello que está permanentemente expuesto desinflan mutuamente su fuerza, se neutralizan y se funden en un mismo espacio. Hay defensa contra todo salvo contra forzar el desarrollo visible

19 - Se deja aquí de lado el análisis de los indultos de décadas pasadas, nefastos.

de algo, que es un modo de precipitarlo hacia su desaparición, no en forma violenta, sino con la indulgencia con la que se tratan los últimos deseos de los condenados.

Porque, cuando se pretende ocultar algo, se señala con ello su importancia. *Pero, cuando se muestra algo de más, se procede a extraer de ello toda su insignificancia.*

La rotación del régimen de visibilidad de los 70 a los 90 fue brutal: con el gobierno militar se acentuó el máximo grado de ocultamiento forzoso y violento, nunca eficaz a la hora de tornar algo invisible. El procedimiento torpe de anulación de un síntoma, mediante su extirpación, agravó la situación de fondo.

La era Menem optó por tener desapariciones a la vista, de otro grado de gravedad y con otro fin, por cierto. Entre los 70 y los 90, de la política alopática de extirpamiento pasamos a la política homeopática de reforzar la tendencia de algo para neutralizarlo.

Alfonsín a su vez, adoptó un tono dual («con la democracia se come, se educa, etc.»), estilo 50% visible/50% oculto. Pero esta situación, que oculta algo que uno sabe que no es cierto, es inmediatamente descifrable para un pueblo como el nuestro, y fue una fiesta sanguinaria para una sociedad encarnizada en el desenmascaramiento de la realidad. Por eso Alfonsín fue expulsado violentamente, cuando ya no hubo medida que no fuera descifrable de inmediato para todos nosotros. En cambio, el gobierno de Menem desembarcó directamente dentro de la obscenidad, sin la siniestra crueldad y torpeza del gobierno militar, sin la puerilidad bienintencionada de Alfonsín.

EL DESEMPLEO DEL OJO

Hemos desembocado, entonces, en un fenómeno nuevo: junto a la tasa de desempleo mayor de nuestra historia, hemos logrado el desempleo del ojo, el desempleo de sus funciones tradicionales. ¿Qué sucederá con la energía de la sospecha, con la aptitud del ojo de ir más allá? ¿En qué puede derivar la fuerza, ahora sin uso, del mirar por detrás? ¿Qué sucede con la libido del ojo una vez que se le da todo lo que pide? ¿Qué sucede con la fuerza de la imaginación cuando se ve realizada súbitamente?

La realidad le roba espacio de acción, la realidad rapta a la imaginación y la lleva a su propio espacio. La imaginación no está hecha para realizarse porque eso supone su extinción. El ojo no está hecho para llegar a donde lanza su mirada porque es el punto en el que deja de ver. Tampoco el ojo está acostumbrado a que las cosas se acerquen implacablemente hacia él en vez de ser él quien sale a buscarlas.

Nuestro universo de la visibilidad –aunque podría aplicarse a otros órdenes– estuvo siempre duplicado y fue de pronto forzado a entrar en un solo sitio. Si funcionara para la mirada la ley de Arquímedes, deberíamos preguntarnos: *¿qué hemos desalojado del ojo cuando el volumen de lo que antes estaba oculto ingresó a nuestra mirada?* Y tal vez la respuesta sea: al ingresar las cosas mismas, *desalojamos la capacidad de ver.*

Porque un ojo al que se lo fuerza a mirar en el corto alcance, con variaciones nulas de distancia, puede cegarse, luego de haber espiado la luz por las rendijas durante años. Tal vez incluso todo el efecto de realidad, provenga de una forma de presentación desdoblada del mundo. Toda aparición cobra sentido al imaginar un fundamento que la sostiene.

En algún punto hay realidad doble o no hay ninguna. «El coeficiente de realidad es proporcional a la reserva de imaginario que le da su peso específico.» (Baudrillard) Si se rompen o malgastan las reservas de imaginario la realidad queda en estado flotante. El resplandor del aspecto que no se ve provoca el efecto de realidad, pero lo que aparece con una sola faz provoca un vacío insoportable para la visión.

Nuestro ojo ha presenciado el vaciamiento de sentido de las cosas, tal como las fachadas de algunas ciudades antiguas presencian el recicle interior sin ser tocadas en el exterior.

CIRCO SIN PAN

En este tiempo nuestro ojo tuvo también su diversión. El opio de los pueblos ya no es la religión, como soñó Marx. No al menos para el nuestro, que alimentó su déficit comercial y su déficit de capacidad de ver mediante la importación de estrellas de cine, megaempresarios, técnicos de marketing, magos, etc.

Ellos no han sido bienes de capital, que hubieran podido calmar el rojo en los déficits comerciales al dar la esperanza de permanecer como inversiones, sino la versión moderna del capital golondrina. Son capitales que vienen unos días, se muestran, cobran y se van. Delon, Schiffer, Rourke, Porter, Copperfield, los Rolling Stones, etc., versiones laicas de la eucaristía, alimento y dioses a la vez. Por un lado, les rendimos pleitesía, y por otro, los devoramos, ejercitando una forma de canibalismo del ojo.

Para estas estatuas vivas, para estas exposiciones ambulantes, debe ser grotesco ver a estos nativos politeístas, particularmente frenéticos, danzando a su alrededor. Incluso el jefe de la tribu ha recibido oportunamente a los colonos, predicadores del evangelio que más amamos: el de la visibilidad absoluta. Se les hacen primeros planos, se los quiere tocar (por eso sus contratos lo prohíben, como sucedió razonablemente en el caso de Schiffer), se los fotografía, etc.

Tal vez nuestro campo de visibilidad los haya importado para sazonar lo que ha dado en exceso, con un pequeño complemento de lo que ya no puede dar, complemento que permuta nuestro lema político fundamental *–lo que usted ve es lo que obtiene–* por *lo que usted ve es lo que jamás podrá obtener* (*what you see is what you can't get*). De ese modo, al menos por un rato, hemos podido descansar.

LA POLÍTICA TUERTA

Entramos así en una era táctil, ajena a toda perspectiva, política de alta definición para lo cercano y ausencia de plano para lo lejano. Nuestra política ha dejado la noción de espectáculo pero ha adoptado enteramente las características distintivas de la imagen.

«La imagen ignora el enunciado negativo... Ignora lo universal... sólo es real el individuo, lo demás no existe. Lo dicho es aún más válido referido a la imagen de televisión, condenada al primer plano. La imagen ignora los operadores sintácticos de la disyunción (esto o aquello...) y de la hipótesis (si... entonces...).» (Debray)[20]

Así procede nuestra sociedad episódica –configurada por individuos aislados– que ha creado una era a su imagen y semejanza: monádica, aislada, autista. Suma dispar de individuos: no es de extrañar, por tanto, que individuos aislados produzcan hechos que permanecen aislados.[21]

Estamos en una forma plana de la política: como bien señala Michel Tournier en *La vida plana*, para

20 - Ibíd, pp. 272-276.
21 - Cierto es el diagnóstico de Borges: «El argentino, a diferencia de los americanos del Norte y de casi todos los europeos, no se identifica con el Estado... El Estado es una inconcebible abstracción. El Estado es impersonal: el argentino sólo concibe una relación personal. Por eso, para él robar dineros públicos no es un crimen. Lo cierto es que el argentino es un individuo, no un ciudadano».

percibir un relieve hay que mirar con ambos ojos a la vez, pues es el desfase entre las dos imágenes lo que provoca la sensación de relieve. La visión del tuerto no tiene profundidad. Somos tuertos en este sentido, porque hemos roto con el dualismo y con las formas de la disyunción. Hemos reemplazado nuestro par de ojos por un solo ojo, como aquel monstruoso cíclope de Sicilia. Un ojo solo que ha perdido la profundidad.

Frente a las múltiples y habituales antítesis de la historia argentina (unitarios o federales, conservadores o radicales, católicos o liberales, partidarios de los aliados o de los nazis, pro Estados Unidos o anti Estados Unidos, peronistas o antiperonistas, etc.), la tarea que nuestra sociedad le deparó a la era Menem fue la aniquilación de la disyunción.

Con él se pasó, no a la conjunción «esto y aquello» como podría provenir de una síntesis, sino a la desaparición, sin más, de las antítesis. Con él la historia dual parece desintegrarse: disolución, al menos durante años, de la oposición organizada y de todos los factores antitéticos de poder.

Fue una experiencia de neutralización a gran escala. Neutralización de la capacidad de reacción del propio partido y de la sociedad; neutralización de los modelos antagónicos de posicionarse ante lo real. La era Menem fue la desaparición de los antagonismos, no por reconciliación sino por disolución de los extremos.

Tal vez esto se haya hecho al costo de potenciar dichas antítesis hacia el futuro: el indulto fue una paz fraguada y de posible corto alcance –como lo fueron los indultos de los 70–, las dádivas al sindicalismo ocurrieron a la par del crecimiento geométrico de la desocupación, la gestión protagónica del radicalismo en el pacto de Olivos absorbió por años su capacidad de oposición. Y a la Alianza le resultó siempre difícil encontrar una polaridad para ubicarse, debido a esa aniquilación de los polos.

Explica Debray: «La imagen sólo puede proceder por yuxtaposición y adición, sin un solo plano de realidad, sin posibilidad de introducir un metanivel lógico. El pensamiento por imagen no es ilógico sino alógico. Tiene forma de mosaico, sin el relieve multiestratificado de una sintaxis... la imagen ignora los marcadores de tiempo. Sólo se puede ser contemporáneo.»

Nosotros tenemos un primer plano en que está dislocada la secuencia: la era Menem no construyó una secuencia, no la del sentido al menos; coleccionó flujos de hechos sin hilación frente a los cuales hacemos un *browsing*, un curioseo que sustituye las viejas formas del hilado.

Frente a la desaparición del texto lineal se precisa otra forma de navegación para abordar nuestra política, nuevos exploradores acondicionados a la lectura en hipertexto. Nuestro sistema político se ha tornado crecientemente *user friendly*,[22] característica que, como señala Bolz, torna cada vez más tonto al usuario. Sin embargo, puede ocurrir que un usuario cada vez más tonto haya alterado sus necesidades de navegación a causa de la política que se le ofrece.

¿Cómo continuará esto? Es posible que, una vez que la facultad de puesta en foco del ojo se anule por atrofia y falta de uso, la política retorne nuevamente a la dualidad entre lo visible y lo oculto, debido a que es inevitable la tendencia humana al desajuste entre lo que aparece y el ojo que lo aprehende.

---

22 - Interfaz sencilla, «amigable» para el usuario.

Puede que demos la vuelta completa y retornemos al patrón dual, al patrón de divorcio entre lo que se ve y su sentido. Puede que continúe la visibilidad absoluta con un cambio de signo en los acontecimientos que produzcamos.

Este cambio de régimen no deja de ser una oportunidad para cambiar de signo la emisión de acontecimientos. Porque así como no se puede ver como antes en el universo audiovisual, no se podrá tampoco ver como antes en el universo político-visual.

Antes la política era una tela que se pintaba y se observaba; los hechos se delineaban y uno retrocedía unos pasos para observarlos. Hemos pasado ahora a una política de inmersión total. Hay un cuento de Marguerite Yourcenar,[23] en el cual el pintor Wang-Fo, ante la amenaza de ser apresado por los hombres del emperador, dibuja en un paisaje marino una pequeña barca. Acto seguido se sube a ella, y comienza a remar hacia el centro del cuadro hasta que de la barca sólo se ve un punto, luego de lo cual desaparece por completo. Desaparecer en el propio diseño, dibujar una realidad para luego hacer una inmersión total en ella, ir hacia un punto de fuga, un trazo de Georges Seurat, es el destino que nos ha quedado.

23 - «*Comment Wang-Fo fût sauvé.*»

EL RIESGO DE NO EXISTIR

La ausencia de perspectiva, la incapacidad de vernos a nosotros mismos desde otro sitio –el reflejo de Narciso es continuar viéndose desde el mismo sitio– nos recuerda la reciente propuesta del vicepresidente de Estados Unidos, Al Gore, quien ha sugerido colocar un satélite en el espacio a millones de millas de la tierra, que transmitirá sin interrupción una imagen de ésta, que podrá verse permanentemente en todas las pantallas de nuestro planeta.

Este satélite podrá ser consultado en www.existence.com y cada vez que dudemos de nuestra existencia podremos conectarnos por Internet a esa dirección para comprobarla.[24] El satélite se llamará Triana, en homenaje al marino que desde la Pinta divisó tierra, en un día siempre caro a nosotros, el 12 de octubre de 1492.

Ante la ausencia de desdoblamiento crítico, ante la tortura de la pregunta de Calderón, de no saber si somos en realidad integrantes de un sueño, no debemos descartar el envío de comitivas al exterior, para intentar descubrir nuevamente nuestro país.

¿Por qué no habríamos de extender nuestra habitual solicitud de ayuda externa a la colocación de

---

24 - Véase el sugestivo artículo de Polsani, Pithamber R. al respecto, *"Riding the satellite to the Millenium"*, en la revista electrónica, distribuida por Internet, *Ctheory*.

un satélite que compruebe nuestra propia existencia? El camino soñado por Al Gore será un buen atajo para gritar «¡Tierra!». Tal vez un satélite nos dé una mano, o mejor dicho, un ojo.

LA MUERTE DE LA REPRESENTACIÓN

Para que haya representación tiene que haber distancia y visibilidad, pero en este caso ambas están abolidas. La visibilidad está abolida por exceso, por la imposibilidad de la perspectiva. La política argentina ya no es un espejo de la sociedad, sino que se convirtió en una pantalla que no refleja imágenes sino que las emite.

Si la teoría no es el espejo de la realidad —ésta es la crítica que se le ha hecho a la noción de representación en el campo teórico—, hace largo rato que se ha roto en la Argentina el espejo de la representación política. Los gobernantes no representan al pueblo, más allá de que sigan operando formalmente las formas clásicas de la democracia; a lo sumo son la superficie de reflejo.

Estamos ante un experimento descarnado de abandono de las formas políticas tradicionales.[25] No funcionan los resortes internos, no funcionan los ajustes previstos para las formas habituales de poder, y la desarticulación de los engranajes obedece a que no estamos ya bajo el imperio de la representación y sus controles, sino bajo la puesta en juego directa de las

25 - Véase, por ejemplo, lo que Néstor Sagués ha denominado recientemente «la desnaturalización del papel representaivo del Senado» ante la usurpación de bancas. «Representantes de las provincias, pero no elegidos por éstas... senadores representantes del propio Senado.» (*La Nación* 6/11/98)

convicciones de nuestro pueblo. No se puede controlar algo si no se está desdoblado de ese algo.

Como se ve, no hemos recurrido a la cibernética y al voto directo para anular la representación, como no se podría haber imaginado, sino a un procedimiento más antiguo y simple: la ventriloquia. Y esto es sin duda por una razón: la ventriloquia nos permite hablar sin hacernos responsables de lo que decimos.

Existe la representación, apenas en el sentido de que el gobierno sería la expresión de la voluntad de las mayorías, sólo que por un extraño error o por una falta de conversión alquímica, no es la expresión de su buena voluntad, sino de sus formas más cínicas e indiferentes.

Asimismo, también existe una forma manca e inercial de la democracia. Andrés Oppenheimer señala que la clave de una democracia son las leyes previsibles y las elecciones imprevisibles. Carecemos al menos del primer orden: las leyes son aquí imprevisibles. Lo único previsible es que no se cumplen. Aunque, en sentido estricto, la previsibilidad está siendo anulada de todos los campos.

En un régimen de visibilidad roto se rompe también con el régimen posible de previsibilidad. Si en el campo de la visibilidad hemos alterado dos formas clásicas, tornar visible lo oculto y no ver lo inmediatamente visible, en el campo de la previsibilidad esta dislocación debiera estar actuando también.

El mandato de los representantes de expresar al pueblo se cumple, pero sin decantar lo que habitualmente decanta la ley. Si el pueblo fuera el inconsciente, si el gobierno fuera la conciencia que actúa y la ley, el «ello», habríamos eliminado de plano el «ello» y por eso no existiría la representación, porque se habría acortado dramáticamente la distancia entre consciente e inconsciente. Todos los acontecimientos dan cuenta de la ley de modo formal, como si se atendiera sin oír las palabras de alguien que desvaría.

Desde hace mucho que la clase política está autonomizada, en estado de disolución espontánea, girando alrededor de sus propios intereses. La sociedad opera en eco con esta forma de autismo. Nos une la ilusión de comunicación que crean los medios, pero también nos une algo más profundo, un alto nivel de trance en el que no hay estafadores ni estafados. Una nueva convención social nos envuelve, impecablemente codificada, un extraño pacto que ha acordado la imposibilidad de vernos a nosotros mismos y entre nosotros mismos.

«La contemplación de ídolos... hace que los hombres se vuelvan como ellos. Ahora bien, cabe la pregunta: ¿nos tornamos como ellos, somos un efecto, o son ellos, primariamente antes de ser elegidos o idolatrados, un producto espontáneo de nuestra autocontemplación?» (McLuhan) Si los que nos modelan como sociedad son nuestros representantes, la relación estaría invertida: sería la clase política la representada y nosotros los representantes.

Si nosotros producimos representantes afines con lo que somos, no hay posibilidad de ajuste de conductas: caemos en estado de hipnosis e identificación total, carecemos de crítica frente a nosotros mismos, frente a lo afín.

La era Menem no ha oprimido a nadie. Si hubiera ejercido algún modo de opresión, habría sido posible una resistencia. La lógica de esta era ha sido borrar las distinciones, borrar el umbral clásico entre exterior e interior, entre opresores y oprimidos.

Hemos hecho, por lo tanto, un curioso vuelco en nuestra historia: nos hemos liberado totalmente de la opresión de los años 70, por fortuna. Pero este gesto ha tenido una fuerza inercial que siguió operando hasta llevarnos al otro extremo de la ecuación. Nos hemos liberado demasiado, hemos caído en un punto inverso de fusión con aquello que nos gobierna, disminuyendo la posibilidad de generar anticuerpos y distancia.

Tal vez ése haya sido el proceso: el de un progresivo acortamiento de la distancia, que en la era actual quedó casi anulada. Y es difícil establecer una relación dialéctica o crítica con lo que no está enfrente de nosotros. Este acortamiento afectó a la vez nuestra visibilidad, en tanto perspectiva, y nuestra capacidad crítica, en tanto oposición.

Al ser el ojo el órgano decisivo de la era Menem, habiendo sido nuestra historia gobernada por un cambio de proceso óptico, no es extraño que las cámaras ocultas y las cámaras fotográficas hayan sido los objetos simbólicos fuertes que han gobernado parte de nuestra historia reciente.

LA CÁMARA OCULTA O LA VENGANZA DE LA *RES PUBLICA*

Puede que no sea casualidad que, en forma simultánea a nuestro cambio de régimen de visibilidad, el uso de la cámara oculta haya cobrado especial auge como si quisiéramos traer los últimos vestigios de oscuridad hacia la luz. La cámara oculta nos sigue dando la ilusión de que las cosas ocurren en la trastienda y que hay que dirigirse allí para registrarlas.

Un hombre público, por ejemplo, interrogado por una cámara, al saber que está posando, tiene tiempo de convertirse en una imagen, antes de que lo capte la cámara. Por el contrario, exhibir a los mismos personajes sin que puedan mediarse a sí mismos, obtener de ellos imágenes puras que no hayan sido mediadas por sus poses, comporta una fascinación.

¿Hay aquí violación de lo privado? Lo privado tiende a dejar de ser privado en un país en el que lo público ha dejado de ser público. Los episodios de captación por cámara oculta parecen ser la venganza de la cosa pública: con la misma lógica perversa que en nuestro país se utiliza lo público para fines privados, la cámara oculta utiliza lo privado para fines públicos.

Cuando nos colocamos detrás de la cámara oculta podemos ver sin ser vistos (con la misma lógica ventrílocua de hablar sin ser responsables), y realizamos el sueño de la invisibilidad. Aunque tal vez ya hayamos materializado ese sueño sin quererlo: tanta visibilidad de los hombres públicos ha tornado invisible a la ciudadanía.

LA APERTURA DEL DIAFRAGMA

En fotografía, para obtener mayor ingreso de luz, debe abrirse el diafragma del objetivo. Pero simultáneamente a la apertura del diafragma disminuye la cantidad de cosas que pueden salir en foco, fuera de aquellas que están en primer plano. Disminuye aquello que se denomina «profundidad de campo».

El diafragma de la Argentina se abrió del todo y realizó su trabajo en estos años, tal como ocurre con la cámara fotográfica, *aumentando la entrada de luz y dismimuyendo, en consecuencia, la profundidad de campo*. Y para tolerar el aumento de la luz, nos hemos recostado sobre las superficies, sobre la ausencia de profundidad. Por eso un caso como el de Cabezas saltó al primer plano, más allá de la relevancia política que tuvo el crimen.

Su tragedia individual golpeó en la conciencia colectiva porque, además de su significación política puntual, representó, a escala menor, una tragedia colectiva. Si nos ha conmovido tanto el asesinato de Cabezas, hasta el punto de convertirse en un símbolo, si nos ha impactado la historia de Yabrán y su final, es porque éstas no son historias individuales de hombres marcados, en forma diferente, por la catástrofe.

En realidad, tanto Cabezas como Yabrán han sido símbolos de la impactante relación de la Argentina con la visibilidad. El pasaje de las cosas ocultas de la época del 76 a las absolutamente visibles de la era reciente traza un paralelo preciso con la historia de Yabrán. Del anonimato total y deliberado, del manejo de los negocios en la oscuridad, Yabrán pasó a la máxima exposición pública.

¿A qué se debió su final? Fuera de las interpretaciones policiales, políticas o de un juego de poderes mayores que probablemente jamás conoceremos, no cabe duda de que una figura acostumbrada a las sombras no pudo nunca tolerar la luz.

¿Se puede tolerar un pasaje brusco de la oscuridad a la visibilidad total? Esta pregunta es pertinente también para nuestro destino colectivo de pasaje de la sombra a la luz. Yabrán no salió a la luz cuando el juez Macchi ordenó su captura. Su salida a la luz comenzó mucho antes, con la foto que de él obtuvo Cabezas.

Ahora bien, el eslabón que logró unir dos realidades tan apartadas como la invisibilidad y la visibilidad, en el caso de Yabrán, fue una foto. ¿Qué eslabón realizó el pasaje de la Argentina de las desapariciones de los 70 a la Argentina de las obscenidades de los 90?

Una de las características de toda foto, entre otras cosas, es que detiene el tiempo. Nuestra sociedad marcó el pasaje de la invisibilidad de su historia a la visibilidad de la era actual mediante algunos gestos de detención del tiempo, como el indulto. A pesar de la diferencia de connotación con la foto de Cabezas, que fue positiva, dado que sacó algo a la luz, también una foto realizó entre nosotros el pasaje entre esas dos épocas. Esta otra fotografía mostró de frente el rostro que adquirió la impunidad en la Argentina de los 90. Y en este caso, se cumplió una de las inquietantes características que señala Barthes acerca de la fotografía: la de ser el retorno de los muertos.

A propósito de ello entonces, podemos preguntarnos si aquel gesto de nuestra historia no fue la evidencia de que tampoco nosotros, luego de tanta oscuridad, pudimos tolerar la luz. Y si aquel no fue también un disparo sobre el rostro de la Argentina, similar al que, según parece, terminó con los días de Yabrán. Por otra parte, si el paso de lo oculto a lo visible no es acompañado por reacción ninguna, lo visible puede tender a tornarse nuevamente oculto. ¿No van en esa dirección los recientes «suicidios» producidos en las causas más resonantes de corrupción?

Dado que la muerte de una vida individual ha sido llevada a escala de preocupación de un pueblo y convertida en un desastre, quizás exista la posibilidad de pasar a una nueva instancia. La foto de Cabezas, ese pequeño gesto, tal vez haya captado sin saberlo un nuevo rostro de la Argentina. A nosotros nos toca ahora revelarlo.

LA EMANCIPACIÓN DE LOS MONUMENTOS

Tampoco los monumentos se han librado de cierto retoque metafísico. En otro curioso juego de la visibilidad, Menem propuso crear un monumento a la conciliación nacional en la ESMA, cosa que finalmente no se concretó. Así, nuestros monumentos hubieran sido el último estadio en adquirir superficialidad.

La propuesta fue un símbolo impecable de nuestra era: creación de monumentos sin próceres subyacentes. Ya tendremos oportunidad de presenciar alguna vez un acto en el que se descubra un busto de alguien sin historia o una bella inscripción en una lápida, sin nadie enterrado debajo. Tal vez ésa sea la tarea que nos queda: escribir la lápida para algo desaparecido y no para algo que yace en algún sitio.

Pero ya lo decía Robert Musil: «Lo más notable de los monumentos es que uno no se da cuenta de ellos. No hay nada en el mundo tan invisible como un monumento». Ya lo vimos: nada es más invisible que lo obvio, nada es más invisible que lo que se coloca brutalmente frente al ojo.

Algo similar ocurre con los valores de los argentinos, imágenes sin significación pregonadas e ignoradas hasta el cansancio, verdaderos monumentos de otra época. Cumplen la función de tranquilizar la vista, de hacer de recordatorio social, pero están allí en lugar de algo que falta, no en el sitio de algo que alguna vez hubo. No representan sino que reemplazan la misma función que les hemos reservado a nuestros representantes, a nuestros iconos sociales.

Nuestra palabrería ético-política (si fuera admisible esta conjunción) tiene valor monumental más que vital. Monumentos del discurso, que hacen juego con aquellos que evocan próceres cuya ascendencia es ahora nula en nuestra historia.

Hay un movimiento de emancipación de los monumentos: ya no quieren estar referidos a nada. Los monumentos han barrido del lugar aquello que representaban, han dejado solos a los próceres, han dejado sola a la significación. Se han ido también a vivir del lado de la sombra.

LA ALTERACIÓN DE LA
TEMPORALIDAD

LA ÚLTIMA ILUSIÓN

Una de las ilusiones interpretativas más notorias de la Argentina reciente sostiene que desde el 83 al 99 se ha producido un movimiento de tipo acumulativo. Hemos recuperado la democracia en el 83, la economía en el 89, y en el 99 accederíamos a la era de lo social y de lo moral. Nos hemos puesto rápidamente de acuerdo en intercambiar esta interpretación de nuestra historia reciente, ya que nos tranquiliza.

«Se acerca, al fin, la época de lo social y de lo moral», nos susurramos cómplicemente mirando la bóveda celeste, como si estuviera por descender un plato volador. Nos concedemos así, ilícitamente, un valor anticipado mediante su sola mención.

Los sueños, las promesas, la «era de lo social y lo moral», pueden contabilizarse en nuestro grueso balance paralelo, a los que somos afectos, pero no en nuestro balance real. Recuerdo a un empresario que, al acercar sus garantías para un contrato, traía una hoja con el balance oficial y una carretilla con el paralelo. Aquí el truco funciona al revés: en el balance paralelo se contabiliza la hojarasca de lo que creemos que somos, pero en la pequeña hoja de lo que hoy hacemos está la única garantía que cuenta para nuestro futuro.

En la vía de la declamación llegamos siempre primeros. Así, miramos satisfechos las encuestas que insinúan un porcentaje mayor de preocupación por la corrupción que en décadas anteriores. Pero eso no significa en absoluto que le demos valor a algo: la acción es lo único que determina el valor que le otorgamos a algo.

A veces, luego de largas cavilaciones, creemos llegar al nudo gordiano, y acordamos, con tono de eureka: «Lo tengo: ¡la corrupción es un problema educativo y cultural». Pero ¿nos preocupa la educación y la cultura en la Argentina? Fuera de lo que rapiñan por definición ciertos funcionarios públicos, nuestra evasión anual (12.034 millones en IVA y 6365 en Ganancias) equivale a 6,5 veces lo que dedica nuestro presupuesto anual a educación y cultura. Estamos todos de acuerdo, sí.

Decía Sartre: «Un hombre que se compromete en la vida, dibuja su figura, y fuera de esta figura no hay nada».[26] Lo mismo puede decirse de una sociedad: su porvenir no está inscripto en ningún sitio, salvo en los actos que dibuja hoy. En esto tenemos que ser absolutamente sartreanos: somos lo que hacemos, no lo que queremos o lo que soñamos con hacer.

Soñar en demasía lo que podemos ser puede inocularnos la sensación de que ya lo somos. Hay una negatividad adicional en esto último: impide su búsqueda al pensar que está llegando o que llegará solo.

No es que el pasado y el futuro no existan: carecen de sentido sin los actos de hoy. No somos nada antes de hacernos, pero tampoco somos nada luego de hacernos, si esto no es ratificado a cada momento

---

26 - Sartre, Jean-Paul, *El existencialismo es un humanismo*, Buenos Aires, Ediciones del 80, 1981.

con la acción. El hacerse a sí mismo no es acumulativo: nada permanece si no es mediante un acto. No tiene sentido pensarse como escritor o decir «seré un gran escritor», si hoy no escribo una línea.

Democracia, economía y moralidad no son napas que se superpongan sucesivamente en algún depósito geológico colectivo. La democracia no es un *stock* que se acumule: es un acto. Lo que hoy hacemos, y en particular, lo que no hacemos, puede evaporar completamente su sentido.

Tampoco lo social y lo moral son una superestructura de la democracia o la economía. Nuestra sociedad suscribió la ideología del libre mercado, pero asimiló secretamente la lección marxista: creemos que las condiciones económicas son las finalmente determinantes. Así, hemos puesto en órbita, no alrededor de la Tierra sino alrededor de la estabilidad, los componentes clave de nuestra sociedad. Y allí envejecen, como John Glenn, sólo que sin haber entrado nunca en uso.

Lo que somos no puede pedir prestado a lo que vendrá y no puede vivir de los ahorros de lo que fue. Tiene que utilizar todos sus recursos disponibles ya. Utilizar la idea de acumulación en este punto supone la traslación ilegítima del economicismo a la vida. Mejor tomar el modelo del derroche y dejar para las AFJP el modelo del ahorro. El derroche significa poner todo aquí, en este momento, porque determinadas cosas funcionan al revés de lo que nos dicta la economía: cuando más se gastan, más se reproducen.

Esta interpretación está escrita en nuestro cuerpo, pero nada de eso ocurre en nuestra sombra. Allí no sabemos si estamos acumulando proceso alguno o si, a la inversa, hemos perdido la capacidad de acumular sentido. Confiamos en que el tiempo, por su solo transcurso, nos provea una evolución. Pero en la línea en la que se construye el sentido de nuestras vidas el tiempo se ha detenido. Nunca el eje histórico y el eje de sentido de una vida son recorridos por la misma temporalidad.

No terminar nunca de estar hecho es una maldición pero a la vez una posibilidad: si bien uno puede estar condenado irremediablemente a ser siempre el mismo, también a último momento puede ocurrir una mutación, que dote eventualmente de sentido a lo anterior además de a lo futuro. La noción no estática del tiempo supone que todo lo anterior puede iluminarse con un acto de hoy, pero que todo lo anterior puede también oscurecerse con un acto de hoy.

Tal vez no haya un lastre esencial que nos encadene y a dos pasos, en el reverso mismo de nuestras elecciones, se encuentre otra posibilidad. En su extremo la corrupción puede desintegrarnos u operar como un purgante. En su extremo, la obscenidad de los 90 puede abrirnos los ojos o desembocar en la invisibilidad de las mafias. En su extremo, nuestro amor por el mercado puede desembocar en la exclusión final o el renacimiento de una obligación comunitaria. Nosotros decidiremos el desenlace.

El presente es la clave de las dimensiones temporales y la que más nos incomoda, porque es una radiografía implacable. Sólo después se la maquilla de excusas, sólo después se obnubila la memoria, sólo después nos calman las formas neuróticas de la esperanza, y aparecen espejismos de lo que nunca hemos realmente buscado, como lla era de lo social y lo moral.

En el fondo, nos hemos percibido a nosotros mismos como una línea de montaje, como un muñeco para armar, del cual sólo faltaría el pegamento que aportaría el 99: nos hemos interpretado como una sumatoria que llegará en algún futuro a la totalidad. Y esta idea es el corazón de la ilusión: no nos hemos pensado todavía como un organismo, noción en la que la totalidad *precede* siempre a las partes, y por lo tanto, como ocurre con un cuerpo, todas ellas crecen, al ritmo que sea, pero *simultáneamente*. Esto denota la profunda alteración que mantiene la Argentina con la temporalidad.

La ilusión ayuda a vivir. Pero la ilusión que funciona como un sustituto de lo real es un brebaje venenoso. Nuestra ilusión es similar a la de quien piensa que una vez retirado de su trabajo –si lo tiene– se dedicará finalmente a lo que ama, sin advertir que cuando eso ocurra ya será irrecuperablemente otro, y por lo tanto, ya no amará lo que hoy ama.

A este paso, al igual que el conocido Mesías de Kafka, que no llega el día del Juicio Final sino un día después, la era de lo social y lo moral llegará también cuando ya no importe: el tiempo transcurrido nos habrá tornado inmunes a ambos conceptos. Habremos llegado nosotros, demasiado temprano, al Juicio Final.

LA MATERIALIZACIÓN DE LA POSMODERNIDAD

La Argentina ha pasado a la posmodernidad, sin haber pasado del todo por la modernidad. Nunca hemos creído demasiado en las Luces, pero igual hemos roto con ellas. La Argentina es una extraña materialización política de varias líneas teóricas de la posmodernidad, del mismo modo que Internet es la materialización mediática de esas líneas. Si una de las tareas de la posmodernidad fue disuadirnos de la identidad y de lo real, la Argentina la ha puesto, sin duda, en práctica.

¿Cuál es la madre de todas las batallas sino la ruptura de la temporalidad? La alteración de la temporalidad se derrama sobre la posibilidad social de emitir hechos en forma de secuencia.

La ruptura de la temporalidad lineal es a la vez madre de la disolución de la identidad, ya que debe haber permanencia sobre una misma línea para que haya identidad. A su vez, una vez rota la identidad, nada puede exigírsele a nuestro viejo y alicaído principio de no contradicción (pregúntese sobre este punto a Menem), ya que la no contradicción es posible gracias a la capacidad de diferenciación que permite el paso del tiempo sobre una misma línea de referencia.

Pero entre nosotros, el tiempo ha sido cortado, viviseccionado, segmentado en acontecimientos aislados entre sí, sin capacidad de significación que trace una línea continua. Si la condición ontológica de comprensión del ser es la temporalidad, como señalaba Heidegger, a la luz de una temporalidad fragmentaria comprendemos nuestro ser también de modo fragmentario.

Todas las operaciones a largo plazo están, por tanto, afectadas. No hay promesa posible en una sociedad en la que se percibe la fragmentación del tiempo. La salida pareciera ser no utópica (que entraña una lejanía en el tiempo) y no temporal; una salida que no proponga la postergación. Es que, cuando la temporalidad está dislocada, no es por su vía que habremos de salir, sino intentando un abrupto desplazamiento interpretativo, un desplazamiento en la percepción de lo que somos.

CRONOS DEVORADO

Nuestra sucesión de hechos políticos podría denominarse un paisaje de acontecimientos, como titula Virilio uno de sus últimos libros. Esta expresión está tomada de la idea de que, para Dios, la historia es un paisaje de acontecimientos: todo lo que sucede es co-presente. Es verdad que nosotros hemos trasladado el tiempo político a la cualidad propia del espacio, que es la simultaneidad y no la sucesión. Lo que sucede −expresión ahora impropia si nada sucede a nada− va a depositarse en un espacio en el que las cosas no están interconectadas.

No hablemos en la Argentina de fin de la historia (Fukuyama) ni de retroversión de la historia (Baudrillard). Es otra la forma que se ha adquirido: bruscos detenimientos y aceleraciones, avance arrítmico de los componentes, obligados a esperarse entre sí para no disgregarse del todo. Estamos viviendo hoy una forma extrema de asimetría temporal, una era de suspensión, una era de *epoché* temporal. Áreas completas de nuestra vida están detenidas, habitando un tiempo de no pertenencia a lugar alguno, un tiempo de flotación autónoma.

En una extraña e imperceptible maniobra, hemos suspendido e invertido los signos habituales de la temporalidad y su simbología, aquella en la que Cronos devora a sus hijos. En nuestro caso los hijos han devorado a Cronos, pero no de modo sangriento, sino mediante una coagulación de su eficacia, mediante un dislocamiento de su presencia, impidiendo que ingrese de modo uniforme en nuestra vida, bloqueando su acceso a ciertas áreas de nuestra realidad.

En la Argentina reciente el tiempo ha decidido presentarse de otro modo: no lineal sino volcánicamente, con súbitas erupciones que hacen avanzar la historia y con ausencias de actividad, que la aletargan. Hoy parece que habitáramos un hiato, un aletargamiento, y no se ve humo sobre la cima. Nada parece desconcertar más al tiempo que su confinamiento a la intermitencia.

Nuestra vida política es el campo preferido en el que asistimos a una situación de flotación en una burbuja. La política nunca careció de un peso específico que decantara las consecuencias. Pero nuestra vida política se ha tornado hoy lunática: además de la otra acepción del término, que le es sin duda también pertinente, ya no obedece a la ley de gravedad.

UN CAMINO INTERMITENTE

Ya no distinguimos si nuestra marcha es un avance. Ya no sabemos si avanzamos sobre la línea recta de la historia mientras retrocedemos sobre la línea transversal del sentido. ¿Cómo es nuestro camino? ¿Podemos llamarle tal? ¿Qué determina un camino? ¿La uniformidad y la dirección?

¿Es nuestra historia un enlace narrativo de los hechos, realizado después de que ocurren las cosas, una costura hacia atrás que hila y selecciona secuencias para dar la apariencia de que estamos encaminados homogéneamente en una dirección? Pareciera que el cuerpo mantiene una dirección, pero que su sombra merodea sin destino.

La noción de una temporalidad lineal sobre la cual se desarrollan los acontecimientos es la condición *sine qua non* de la aparición de un sentido, es decir, de un vector que se dirija de un punto al otro.

Cabe preguntarse si, en nuestra extraña geometría del sentido, el camino más corto entre dos puntos sigue siendo una recta. Para esto hace falta trabajar en una vertiente no clásica del sentido, hace falta trabajar con otro material de eslabonamiento de los hechos. Ya no hay un hilo disponible para anudar la secuencia de nuestra historia; tenemos que pensar en otras formas de costura.

En realidad es posible, tal como sucede en una

vida individual, que partes enteras de nosotros mismos avancen, que otras permanezcan estáticas y que algunas otras retrocedan. Extraña forma de tartamudeo del tiempo que no alcanza a deletrear en forma pareja todas las formas de lo social y que concuerda con la noción de no sincronicidad de Ernst Bloch, que señala que vivimos en diferentes tiempos y espacios a la vez.

Estamos sometidos actualmente a una pulsación no uniforme de la historia. No todos los aspectos de nuestra vida social están recorridos por la misma forma del tiempo. Hay un destiempo o una desincronización fundamental entre las piezas, una forma de propagación no lineal sino radial de la temporalidad, que se inyecta en un punto pero se extiende arterialmente. La presión sanguínea es diferente en cada parte del cuerpo. Hay zonas enteras bajo el efecto de un infarto, mientras que otras siguen aptas para jugar al golf.

La justicia, punto cardinal de la vida individual y colectiva, se mantuvo plegada a las formas de retroceso, atravesada también por una deglución inversa del tiempo.

Nuestros diversos aspectos –economía, política, sociedad civil, educación, cultura, solidaridad, etc.– avanzan de modo arrítmico, lo cual nos torna un pueblo oscilante entre el sedentarismo y el nomadismo, de acuerdo con las intermitencias. Pero aunque estemos quietos, nada altera el nomadismo de nuestra sombra, el nomadismo de nuestro sentido.

Frente al avance pronunciado de un área de la vida y el detenimiento y retroceso de los otros, podríamos preguntarnos si hay resultante alguna para los vectores. Si a la fuerza del crecimiento económico se opone el retroceso educativo, cultural y político, la resultante puede ser una forma estática.

Asimismo, cuando partes enteras de nosotros mismos se mueven a destiempo y en direcciones no uniformes, nuestra noción de identidad queda de hecho alterada.

¿Será la diferencia de movimiento entre sus partes lo que altera el tiempo de la Argentina?

LA DILATACIÓN DEL TIEMPO

Tal vez la alteración de la temporalidad se deba precisamente a la divergencia de movimientos de nuestra sociedad,[27] a un fenómeno de dilatación del tiempo que ocurre en razón de la diferencia de movimiento.

La teoría de la relatividad muestra justamente de qué manera *el movimiento relativo* altera las mediciones de los intervalos de tiempo. Un reloj colocado dentro de un vehículo en movimiento, con relación a un observador, tiene un tic-tac menos rápido que si está en reposo con relación al mismo observador. Ese tic-tac menos rápido le ocurre a las formas de nuestra sociedad que hemos colocado en órbita. Hay una pérdida de la noción de avance temporal simultáneo, porque siempre alguna de nuestras partes está en aceleración y las otras detenidas.

De la teoría de la relatividad brota la famosa paradoja de los gemelos. Esta paradoja indica que si se toma un par de gemelos, y a uno de ellos, el gemelo A, se lo envía al espacio mientras que al gemelo B se lo deja en la tierra, cuando el primero retorne, será más joven que su hermano,[28] aunque en lo que respecta a sí mismo su período de vida no se

27 - Aristóteles definía el tiempo como *la medida del movimiento* según el antes y el después.

28 - Cf. Beisen, A., *Conceptos de física moderna*, México, McGraw-Hill, 1981.

habrá prolongado. Su aceleración altera los procesos biológicos en la cantidad exacta esperada por la fórmula de la dilatación del tiempo. Para el gemelo terrestre pasan nueve años mientras que para el gemelo embarcado han pasado sólo tres.

En la órbita, en ese estado de aceleración, los valores pierden su sistema referencial y el tiempo pasa más despacio. Hemos anclado a nuestros valores económicos en la tierra, pero hemos puesto en órbita a sus gemelos, los valores jurídicos, educativos, éticos, políticos y solidarios, sin los cuales la vida de su hermano en la tierra carece de sentido. Sectores enteros de la vida argentina quedaron confinados así a una desaceleración del tiempo.

Aunque no sea posible medir el tiempo metafísico, si el tiempo disminuye con la velocidad, podemos sospechar el efecto de suspensión temporal que ha tenido sobre nosotros el haber colocado en órbita y en aceleración hacia otra galaxia todas las formas esenciales de sostén de una sociedad, sin las cuales somos un gemelo solitario escudriñando el cielo, soñando tal vez cómo compartir y a qué aplicar un maravilloso crecimiento –provisorio– del 5% anual en el PBI.

El gemelo terrestre está creciendo en el vacío, no en el del espacio y de un sistema inercial de referencia, sino en el vacío de la ausencia de sus hermanos perdidos. Tiene la experiencia de la aceleración, por haber destruido sus bases mediante la circulación acelerada del dinero. Ahora está en un período de deflación solitaria.

Bien podría sobrevenirle la nostalgia y querer acompañar a su gemelo, embarcando en una nave que también lo acelere en el espacio y lo detenga en el tiempo. No importa, dirá, con cierta lógica: prefiero perecer acompañado a vivir bien solo.

Consideremos, finalmente, la nave espacial desde otra óptica. Aunque podría ser que todos nosotros estuviéramos embarcados en la nave, una interpretación del gemelo A como nuestra clase gobernante y del gemelo B como los gobernados nos será útil para explicarnos la diferencia en la percepción de la duración de los mandatos, lo que en la Argentina tiene también una magnitud relativa, por efecto, tal vez, de esta relatividad política. Justa metáfora, por otra parte, es la de la nave espacial: ilustra el aspecto orbitalizado de nuestra clase política en general, su aceleración en el vacío, desligada de todo punto de referencia.

LOTH, AFRODITA, PYGMALIÓN

Tal vez nuestra relación alterada con el tiempo nos incite a desprendernos de lo que no hay que desprenderse y a aferrarnos a aquello a lo que no hay que aferrarse. Nuestro destino parece marcado alternativamente por las historias de la mujer de Loth y la de Pygmalión.

La mujer de Loth fue convertida en estatua de sal por mirar hacia atrás, a pesar de la prohibición que le habían hecho los ángeles al abandonar Sodoma. Cuando partes enteras de nosotros mismos avanzan y otras retroceden, es imposible que las que avanzan no añoren a las que dejan a su paso; es difícil que no se tenga la tentación de mirar hacia atrás. Así, se corre el riesgo de quedar convertido en estatua de sal.

Por otra parte, nadie puede dejar de mirar hacia atrás cuando deja artificialmente tras de sí ese atrás, como sucedió con la década del 70: con la intención de dejar el pasado atrás, hemos quedado mirando involuntariamente hacia allí con el consiguiente efecto estatua de sal.

Pygmalión, por su parte, en la versión enriquecida de Ovidio, fue un escultor de Chipre condenado por Afrodita a enamorarse de Galatea, una estatua de mujer brotada de su propio cincel. Mirar atrás inmoviliza, pero uno también corre el riesgo de enamorarse de las inmovilidades creadas por uno mismo.

Esto nos sucedió con la «estabilidad» económica: estatua de Galatea de función distinta a la anterior: embobamiento por el aspecto ya constituido, indiferencia con los otros. ¿Qué extraña hipnosis ejerce sobre nosotros ese aspecto de nuestra realidad para que eclipse las otras zonas? El artificio y la inmovilidad recorren nuestra historia inmediata, tan próxima a la de las estatuas como a la de los cuerpos vivos.

Cierta versión indica que el enamoramiento de Pygmalión fue un castigo de Afrodita, por haberse consagrado aquél a la castidad. Cabe la pregunta: ¿en qué extraña castidad estamos envueltos a pesar de la obscenidad de nuestra historia?

Pero hay un principio de esperanza: frente a los ruegos de Pygmalión, Afrodita da vida a la estatua. No ha intervenido aún Afrodita, ni nosotros rogamos demasiado. Por ahora, sólo convivimos con estatuas, en forma acorde con un sitio en que ha dejado de pasar el tiempo.

LA CICUTA POLÍTICAMENTE CORRECTA

Ninguna tentación resistimos, ninguna asincronía, ninguna importación tardía de conceptos, tampoco la de ser políticamente correctos. Pero, como era esperable, somos políticamente incorrectos donde debiéramos ser correctos y políticamente correctos donde debiéramos ser «incorrectos».

Una pequeña muestra de esto último es la ley, vigente ya desde hace tiempo, que otorga 30% del cupo disponible en las listas para cargos electivos a las mujeres. Ley absurda que las beneficia en lo concreto, pero las daña en lo simbólico, que es donde se juega la verdadera batalla por el reconocimiento de cualquier instancia de lo social. Hay que tener más cuidado en aceptar algo que en darlo. Bajo la máscara de una cesión de derechos, la mujer ha dejado que se le conceda paternalistamente lo que de por sí, y por propia capacidad, puede ocupar. No se pide permiso para ejercer el poder: o se lo ejerce o no se es fuerte.

En el universo del poder, el deber no tiene sentido y no es reconocido. Una vez legislado, el poder huye a otra parte. Nadie debería dejarse conceder lo que es capaz de conquistar por sí mismo. Grotesco gesto, medida propia de una sociedad de beneficencia más que de una Cámara de Diputados. Pero ya sabemos que nuestros diputados oscilan entre la sociedad de beneficencia y la sociedad anónima que los cuenta como accionistas.

Esta concesión marca aún más la huella de la discriminación frente a la cual las mujeres han dado lucha. Reemplazar la propia capacidad por un derecho con cupo –como si fuera un arancel de importación, como si fuera una mercancía– es el mejor modo de asegurar que las mujeres no sean reconocidas como pares políticos.

Aun si se aceptara la lógica con que operó esta idea, ¿por qué el 30%? ¿A qué regateo corporativo pertenece esta cifra? Dentro de esta lógica, sólo el 50% es aceptable. Lo demás corre a cuenta de la propia desvalorización.

Ningún espacio que se gana de este modo es respetado, así como la autoridad nunca se impone sino que se gana. El solo hecho de debatir esta ley supuso la ruptura de la reciprocidad política entre hombres y mujeres. Es siempre preferible el reconocimiento fruto del desafío, e incluso de la misma proscripción, que el reconocimiento producto de la condescendencia. Los territorios por conquistar no son los formales sino los del sentido.

Como en su momento dijo Magdalena Ruiz Guiñazú en una certera y casi única opinión contraria, a nadie se le ocurriría votar una ley similar para los hombres. El resto, en cambio, aplaudió a coro su hundimiento simbólico.

Hay formas de tolerancia que son más irrespetuosas que ciertas formas de intolerancia. La cicuta para Sócrates fue un gesto de intolerancia respetuosa. Aquí fue exactamente al revés: la cicuta estuvo oculta bajo la tolerancia.

MÁSCARAS, MUTANTES, CARNAVAL

El tiempo, ese gran escultor, decía Yourcenar. En nuestro caso, el tiempo cincela minuciosamente, pero no ya sobre un rostro. Nos hemos convertido en una curiosa figura: fragmentos de nuestro cuerpo volcados hacia el futuro y fragmentos enteros volcados hacia el pasado. Y nuestro presente tiene la peculiaridad carnavalesca de las máscaras. La máscara simula el rostro vivo del presente pero retiene la inmovilidad de las otras dimensiones temporales.

La máscara está suspendida, a pesar de los movimientos del cuerpo. La máscara es inhumana e inviolable. Este modo invulnerable, muchas veces soberbio y rígido, despierta una reacción agresiva en el interlocutor, el deseo de humanizar lo que ve. Toda máscara desafía en primera instancia a ser arrancada, desafía a descubrir el rostro. Sin embargo, las máscaras, al ser llevadas demasiado tiempo, se pegan a la piel.[29]

Los políticos-máscara son una amenaza, sin duda, pero no porque se sospeche que siempre es más lo que esconden que lo que muestran, interpretación hasta hace

29 - María Julia Alsogaray, secretaria de Recursos Naturales, es un buen ejemplo de rotación en las funciones políticas, sin cambio alguno de su estilo impávido. Y por eso fue destinataria de una marcha con máscaras contra la instalación de un basurero tóxico. Aquellos que protestaban comprendieron bien el lenguaje en que debía hablarse a su interlocutora.

un tiempo viable, sino porque sospechamos que nada tienen detrás de esa máscara y éste bien podría ser un destino colectivo: si no estamos detrás de la máscara es que nos hemos convertido en ella. Tal vez por esto hemos abandonado la voluntad de desenmascaramiento, por terror a colocarnos frente a esa ausencia.

La diferencia entre un rostro y una máscara es que el rostro admite ser completado por el ojo que lo mira, la máscara no. No es fácil conocer la utilización del rostro político, su capacidad de metamorfosis, la importancia de su vulnerabilidad y de su flexibilidad ante los ojos ajenos.

La política argentina ofrece pocos rostros: Chacho Álvarez presenta un rostro infranqueable, de franqueza monolítica, que no deja espacio para ser completado por la ilusión. Fernando De la Rúa presenta un rostro cauteloso, donde no penetra la ilusión colectiva por la toma de riesgos. Graciela Fernández Meijide es una de las pocas imágenes de baja definición, apta para ser completada por el que la observa.[30]

Para no sentirnos partícipes directos de la era Menem, nos quedaba una última coartada: interpretarla como era-espectáculo. Como hemos visto que uno de los procesos más profundos de esta era ha sido la abolición de la escena y la anulación de la distancia, hemos ingresado de lleno en el ámbito carnavalesco, donde la escena por excelencia desaparece.[31]

30 - McLuhan, en una entrevista con la revista *Playboy*, observa que el Nixon de los 60 era, al revés que Kennedy, poco apto para la televisión, por presentarse de modo demasiado intenso, demasiado obsesionado por hacer que los espectadores lo amaran, en suma, un rostro demasiado clasificable. Véase Marshall McLuhan y Frank Zingrone, *Essential McLuhan*, Canada, BasicBooks, 1995, p. 248. Menem fue el rey del rostro de baja definición. Notemos, sin embargo, que un rostro de baja definición bien puede ser una máscara de segundo grado.

31 - No hay que entender el carnaval como una festividad que interrumpe el orden serio de los días, sino como una lógica que se ha

La lógica del carnaval, ya lo señala Kristeva, no es aquella de lo verdadero o lo falso, no es la lógica causal y cuantitativa de la seriedad, sino la lógica cualitativa de la ambivalencia, en la cual el actor es también el espectador.[32] La era Menem, al igual que el carnaval, tuvo la ambivalencia de ser padecida pero actuada, de haber tenido espectadores y a la vez actores, de haber tenido críticos pero cómplices.

La política Menem recorrió esta lógica, logró incorporarnos en la procesión, logró que no fuera posible mirar desde afuera. La oposición habitual de los valores fue reemplazada por una ambivalencia total: trácese una progresión del discurso de Menem y sólo puede sostenerlo una máscara, es decir, algo ajeno a identidad alguna, *capaz de realizar virajes bruscos e impávidos en cualquier dirección*. Si se hace, por tanto, un recorrido ideológico, podrá verse que no está en juego identidad alguna. Pero hacer el recorrido de un discurso es hacer en simultáneo el recorrido de su escucha: nuestra escucha ha adoptado también, como vimos, la ambivalencia de los sonidos.

La era Menem fue la puesta en juego de una distorsión sin referente, la emisión de signos sin identidad que no suponen un desvío porque ha desaparecido el patrón de referencia: sólo los rostros imponen patrones de referencia. Pero nosotros hemos jugado a la distorsión visible, a la distorsión confesa.

La explicitación de dicha distorsión es posible porque nada ha sido realmente distorsionado. Por eso es posible la contradicción: en las lógicas ambivalentes la conmutación entre los términos es la regla, ningún término pesa más que el otro. Hasta la era Menem

---

incorporado plenamente a nuestro espacio cotidiano y se ha transformado en un modo habitual de intercambio.

32 - Véase el análisis que sobre las características del carnaval hace Mikhail Bakhtin en su obra *Rabelais and his world*, Indiana University Press, 1984.

jugábamos a la apariencia con un referente detrás. Luego de la era Menem comenzamos a jugar a la apariencia sin referente alguno.

¿Revela esto que la Argentina ha resignado la búsqueda de identidad? Las antítesis son posibles y se definen a partir de una identidad. La imposibilidad de generar una antítesis puede hacernos presumir que lo que desapareció fue la identidad. A la vez, la mejor manera de disolver toda antítesis potencial es disolver de antemano la tesis, cosa bien lograda en la era Menem.

Los partidos políticos entraron en la era carnavalesca, ajena a la identidad, y en sus filas conviven obispos y travestis, como en la procesión anual que se hace en Río de Janeiro en homenaje al santo patrono de la ciudad.

A ellos se han acercado candidatos provenientes de las actividades más diversas, con el solo requisito común de ser conocidos, exitosos y amados por las masas. Fueron la materia prima que floreció en esos bazares que llamamos partidos. El bazar necesitaba ser renovado, dada la cantidad de elefantes que han vivido tradicionalmente dentro, pero ¿es posible reemplazar políticos obsoletos con injertos?

La absorción, con fuerza entrópica, de candidatos de la periferia de la política, tiene la ventaja de que éstos cuentan en su haber mucho de aquello que los políticos buscan cuando son candidatos.

Como aquel niño adoptado y cuidado por un transexual, los ciudadanos fuimos adoptados y cuidados por una forma de la transpolítica, que supone la total indiferenciación en las funciones: la policía delinque, los periodistas enjuician, los jueces fiscalizan, los políticos han hecho de su carrera una empresa, y no faltó el terror final: los «artistas» mutaron en políticos. Ninguna mutación genética, biológica o sexual se asemeja a esta categoría, raza sobreviviente del apocalipsis de los partidos clásicos.[33]

¿Es que nuestros políticos son todos mutantes nacidos de la explosión? ¿No es un mutante la forma más acabada de portar una máscara? La mutación es un requisito darwiniano de supervivencia, una fuerza de gravedad inexorable. Ya no son las tradiciones ni los principios partidarios los que dictan las actitudes de los políticos.

Nuestros mutantes ya no buscan hablar sino ser conductores del habla social. Quieren ser hablados por las encuestas, se están convirtiendo en esclavos de los sondeos, en pequeñas plastilinas plebiscitarias. La aceleración de este fenómeno ha acentuado la obsolecencia de la representación. De representantes mediatos de la gente, los políticos están pasando a ser marionetas de la opinión pública. Esto es lo que los muestra desarraigados y faltos de identidad, expuestos a la misma volatilidad que un mercado bursátil.

33 - Menem hizo un programa de gobierno calcadamente inverso al de su campaña. Alfonsín pactó con quien consideraba en su momento el demonio. Rico saltó de golpista a demócrata sin escalas. O'Donnell milita hoy lejos de sus ex amores radicales. María Julia y Adelina compraron la fe menemista cuando se acababa el negocio anterior.

SECUENCIAS SIN CONSECUENCIAS

«En cuanto a la famosa melatonina, el profesor Jean Pierre Collin recuerda que es producida de manera natural durante la fase nocturna de los relojes biológicos entre todos los vertebrados. Gracias al uso intempestivo de este medicamento, el día y la noche se vuelven equivalentes, ya no sabemos fisiológicamente dónde se halla lo claro y dónde lo oscuro, dónde están aquí o allá, pues la melatonina se encarga de terminar con las diferencias últimas, de compensar nuestros defectos ópticos, las molestias de las diferencias horarias.» (Virilio)[34]

Cualquier semejanza con la era Menem es pura coincidencia: ésta ha funcionado como una forma de melatonina social, alterando nuestro reloj político y haciendo, mediante la exposición sin pausa a hechos obscenos, que los vertebrados argentinos pierdan la noción del día y de la noche frente a la política. Nos hemos sometido a una suerte de deforestación mental y crítica por la exposición a la luz permanente de estos acontecimientos.

La tierra arrasada con el herbicida de la corrupción nos ha dejado aptos para la siembra política directa. Antes había que arar la tierra para sembrar, en

---

34 - Virilio, Paul, *Un paisaje de acontecimientos*, Buenos Aires, Paidós, 1997, p. 23.

un proceso de mayor demora. Hoy el electorado ha quedado apto para cualquier cultivo y para cualquier mutante político de última generación, capaz de captar, con un buen sondeo, con qué devolvernos un poco de oscuridad y un poco de descanso. Decía Antonio Porchia: «Cuando lo superficial me cansa, me cansa tanto, que para descansar necesito un abismo». Ojalá que la necesidad de descansar no haga crecer más también, entre nosotros, la aptitud para el abismo.

En la Argentina de los últimos años el enlace y el encadenamiento entre los hechos están en vías de extinción. Hay hiatos profundos entre las cosas que suceden, un abismo por donde caen las consecuencias antes de llegar a la otra orilla.

Sucesión es una palabra que ha sido quebrada en la Argentina en un doble sentido: al estar dañado el acontecer temporal mismo, está afectada la sucesión en sentido cronológico y lo está también en el sentido causal del término. Por otra parte, si no hay causalidad, la cronología pierde los vestigios de sentido que le quedaban. En muchos de los hechos recientes podría alterarse la fecha cronológica, en particular en los de corrupción, sin que se alterara su desenlace en la realidad actual.

Por eso uno se sorprende de que las cosas que ocurren realmente ocurran: nos sorprendemos porque seguimos imaginando que hay un enlace temporal y de sentido adonde va a anudarse lo que sucede. Si así fuera, algo debiera haber estallado hace mucho tiempo.

Hay que asumir los hechos en su nuevo formato asexuado, imposibilitados de reproducir consecuencias, hechos sin macho ni hembra para acoplarse entre sí. A falta de sexo, entonces, lo que desfila es la clonación de la corrupción.

El debilitamiento de la ley de causa-efecto sólo puede darse en un estado de alteración temporal. Y es el caso: en la Argentina los acontecimientos políticos van en cámara rápida y sus consecuencias en cámara lenta.

Retorno a la era preeléctrica de la política, en la que estaba asegurada la reacción lenta frente a la acción. No es que no haya acción y reacción, sino que hay dos cortes, dos fosos: uno vertical, entre representantes y representados, y otro horizontal, entre causas y efectos.

Antes se cortaba la cadena de pagos con la emisión de moneda sin respaldo, hoy se ha cortado la cadena de la representatividad política con la emisión de sucesos sin consecuencias.

Las causas caminan sobre el cuerpo y las «consecuencias» se han trasladado a la sombra donde quedan subsumidas bajo el sueño. Las consecuencias están abolidas en la misma proporción que el tiempo. Las consecuencias están abolidas porque antes que ello están abolidas *las secuencias*. Esto no quiere decir que esté abolida la capacidad de producir acontecimientos sino la posibilidad de secuenciarlos y de extraer de ellos derivados reales.

En realidad se trata, entonces, de la agonía del vínculo entre la causa y el efecto, ya que causas sigue habiendo y efectos también, sólo que no se corresponden entre sí. «Lo que el tiempo ha unido no lo separe el hombre», parece decir el mandato de enlace entre la causa y el efecto. Dicha pareja nunca había visualizado el divorcio, pero nosotros lo hemos oficiado en una ceremonia paralela.

LA PEREZA DE LAS CUATRO CAUSAS

Sucede que la noción de causa, en un giro de rebeldía metafísica, se sienta cada vez a pensar si producirá algo.

La noción de causa procede del griego (*aitía, as*) y originariamente significó ser acusado de alguna cosa o imputación,[35] concepto eminentemente jurídico. Nuestra ajuridicidad innata ha remontado la historia para corregir esta procedencia e invertirla en las nociones de impunidad e inimputabilidad. En una palabra, nuestro impulso por quebrar la ley llega también a leyes consideradas inmutables, como la ley que regula los acontecimientos.

Tal vez no haya muerto la noción misma de imputabilidad, pero los hechos parecen tener dificultades para reconocer la paternidad sobre algún efecto. Es la muerte de la necesidad de vínculo, requisito para que una secuencia sea causal.

Si siguiéramos al pie de la letra la célebre distinción de Aristóteles acerca del cambio y las cuatro clases de causa, podríamos sospechar que están suspendidas la causa formal (no hay modelo, paradigma o idea que rija la emergencia de efectos), la causa final (no hay sitio alguno hacia el cual tendamos en conjunto) y la causa eficiente (el principio del cam-

---

35 - Cf. Bailly, A., *Dictionnaire Grec-Français,* París, Hachette, 1950 p. 52.

bio ha caído en la década actual en una apatía total).
Apenas puede que esté preservada la causa material
(causa notoriamente vigente en nuestra vida política). Creo recordar que nuestro Presidente dijo en una
oportunidad que uno de sus autores de cabecera era
Sócrates. Acaso esta afición le permita trabajar en la
reconstitución de las cuatro causas en sus últimos meses
de mandato.

Los 90 fueron en la Argentina, entonces, una
sucesión de efectos más que una concatenación de
causas. Y esta sucesión de efectos no implicó una
aceleración de la historia, sino una forma de pisar en
el mismo sitio, tal como hace el *jogger* sobre la cinta
de correr. Nuestra realidad ya no puebla de marcas
sucesivas una misma línea sino que, a modo de una
constelación o de un archipiélago, las inscribe en un
mismo espacio simultáneo.

Hay una forma caleidoscópica de ocurrencia de
las cosas, un estilo radial y no lineal para la aparición
de los fenómenos. El desligamiento de los efectos frente
a su habitual progenitor no deja de estar a tono, como
mencionáramos, con otras formas de producción
asexuada en la cual nuestra era hace punta. Los efectos nacen ahora en probeta, no de un enlace anterior, y
el medio propicio para la fecundación es nuestro laboratorio político que ha logrado aislar los fenómenos para
que no contraigan enfermedad temporal alguna.

Esto es similar a lo que Severo Sarduy denomina
retombée o causalidad acrónica: no sólo la posibilidad de
que la causa y la consecuencia de un fenómeno dado
puedan no sucederse en el tiempo, sino incluso que la
consecuencia pueda preceder a la causa, que ambas puedan
barajarse como en un juego de naipes. En todo caso
hemos logrado lo que es verdaderamente difícil: concatenar
efectos en forma pura, hechos que se sacuden de los
hombros su vestigio procesal.

DEL BOX AL CATCH O EL LAVADO DE VALORES

En la era Menem, la Argentina ha pasado del box al catch. Teníamos en otro tiempo la expectativa, remota pero intacta, de que Bonavena acertara un golpe contra Cassius Clay, la esperanza de repetir la historia de David y Goliat, la esperanza de que la Argentina pudiera, en un golpe de suerte, hacer un súbito viraje en su destino.

Pero esa expectativa y esa lucha han sido abandonadas y las hemos sustituido por el catch, hemos sustituido la voluntad de lucha por su simulacro. «La función del luchador de catch no consiste en ganar, sino *en realizar exactamente los gestos que se esperan de él...* Al público no le importa para nada saber si el combate es falseado o no.» (Barthes)[36]

La función de nuestros gobernantes no consiste estrictamente en gobernar sino en realizar lo que se espera de ellos: deben mostrar cuánto se parecen a los gobernados, deben poder actuar en público sin expiar, garantía de un correlato privado de actuación sin expiación.

A la pérdida de la esperanza de ganar la hemos sustituido con la hipótesis de mínima: la demanda de respetar a toda costa la impostura. Lejos ha quedado la pregunta sobre la falsedad o no de lo que se

36 - Cf. «El mundo del catch», en *Mitologías*, México, Siglo XXI, 1985. (El subrayado es nuestro.)

ve, pregunta irrelevante en el contexto del catch.

Nuestro catch se funda menos en la continuidad de un proceso o de una finalidad, que en mera yuxtaposición de acontecimientos sin móviles ni consecuencias. Sólo un enhebrado posterior podrá iluminar nuestra historia, podrá darle una pátina consecuencial a sus secuencias solitarias.

Hay un lugar disponible, vacante, donde es necesario mostrar que ya nada ocurre cuando algo ocurre. Determinadas cosas jamás hubieran existido sin ese espacio de maniobra habilitado.

Los personajes son también exagerados al modo del catch, al estilo de la Momia o del Caballero Rojo. No hay más que recordar a los ministros defendiendo sus actuaciones por TV. Allí se dice a las claras: no me vengan con otra cosa. Habíamos estipulado que la momia Jassan perdiera contra el Excalibur. Se nos recuerdan las reglas del catch, las reglas de la simulación.

Sólo pueden ocurrir determinadas cosas cuando la causalidad ha sido reemplazada por una lógica de la suspensión de las consecuencias, una lógica del lavado de valores del que formamos parte, frente al cual el lavado de dinero es una nota al pie.

Se ha puesto en circulación y se ha acordado utilizar valores confinados habitualmente a la esfera del artificio. La inercia de emitir alocadamente dinero desde el Banco Central fue transmutada a nuestro banco de valores, que emite moneda falsa, como la que se utiliza jugando al "Estanciero" o al "Monopoly". Sabemos que lo es, pero la dejamos circular. Acuñado de monedas sin espesor, para acompañar a nuestra producción de acontecimientos sin espesor. Somos cómplices y víctimas simultáneamente. Hemos vivido el síndrome de Estocolmo a gran escala, el esfume de la línea demarcatoria entre los planos: gobierno y gobernados en extraña simbiosis.

LA DECLINACIÓN DE LOS HECHOS

EL NOMBRE DE LO QUE NO OCURRE

Si la memoria es, según Paul Auster, el espacio en que una cosa sucede por segunda vez, no tenemos nombre aún para el espacio en que una cosa no ocurre siquiera por vez primera.

Por eso tal vez se agrave nuestra carencia de memoria. Porque ¿cómo habilitar el espacio en que una cosa ocurre por segunda vez cuando no hemos dejado siquiera que ocurra? Y si no podremos recordar lo que no ocurre, tampoco podremos olvidarlo. Lo que no ocurre comenzará a ser un cuerpo extraño dentro del tiempo, al costado de todo proceso de digerimiento temporal.

Y no podremos recurrir a los archivos porque los archivos son la modalidad artificial de la memoria; son diferentes de ella justamente porque no pueden convertirse en la superficie de reinscripción de un suceso. Tampoco podremos olvidar y acaso colectivamente sufriremos también de su equivalente artificial: la amnesia.

Es verdad que hay en nuestra era un *marketing* masivo de la nostalgia, apologías del pasado, retroversión y blanqueo de la historia, como la llama Baudrillard, todo esto conviviendo con un stock electrónico que archiva los menores detalles de todo lo que acontece.

Andreas Huyssen señala que el boom de la

memoria contemporánea se da inevitablemente acompañado de un boom del olvido. Pero a nosotros no nos es posible acceder ni a una ni a otra cosa. Hemos tenido, sí, otras paradojas: el boom de visibilidad se dio acompañado por el boom de las sombras, por la huida de nuestro ojo hacia allí, y en la era contemporánea el boom del sentido –su inflación– se da acompañado por un crash del sentido –su deflación–.

Tal vez detestemos las huellas, tal vez detestemos toda huella, tanto en el rostro y en el cuerpo como en el sentido de lo real, y hacemos un supremo esfuerzo para romper todo eslabonamiento con la edad, con la historia, con la tradición, para romper con todo testigo indeseable de la linealidad del tiempo que choca con la forma suspendida adoptada por nuestras vidas.

El nuestro es uno de los pocos cuerpos que se puede herir sin que deje cicatriz alguna. Las heridas levantan vuelo antes de que pueda producirse una cicatriz. Tal vez nos estemos constituyendo como epidermis pura, sin espesor atravesable, sin espesor dañable, con una pura carcaza que evita un desmantelamiento final.

¿Quién puede dudar de que nuestro cuerpo anterior era dañable? ¿Quién puede dudar de que, a partir de cierta altura, sangraba sin capacidad de coagular, ante la menor herida? Y ¿quién puede dudar de que nuestro cuerpo es hoy una superficie de inscripción difícil, donde casi no puede dejarse rastro, una epidermis sin sensibilidad por haber estado antes expuesta en exceso?

Los acontecimientos ya no dejan huella; borran el rastro detrás de sí; algo levanta los guijarros que se desprenden para señalar el camino.

La imposibilidad de colocar los acontecimientos sobre una línea es la incapacidad de acumular sentido alguno. La imposibilidad de acumular nos ha reconvertido de hecho en una sociedad arcaica, aunque con una diferencia: según Pierre Clastrés, antes se carecía de acumulación económica, pero había una plenitud simbólica y de sentido disponible. No deseaban acumular, nosotros ya no podemos, si bien lo deseamos. Y bajo la veda del sentido a la que estamos confinados, acumulamos en el terreno económico, único sector en el que aún subsiste la ilusión de acumulación y de progreso.

LA ACTIVACIÓN ARTIFICIAL DEL OLVIDO

Si el signo es originalmente una marca o una talla, a determinados signos se les ha dado la orden de no designar más, de no dejar marca alguna. Eliminar todo trazo visible, mediante la activación artificial del olvido. Se actúa con la lógica de exterminio de la década del 70 pero sobre una materia distinta: la memoria.

Todo signo es un elemento distintivo, una marca de reconocimiento. Pero se ha apostado a dejar el signo sin designado, se ha apostado a borrar la talla dejando el objeto. Borrar la talla aniquila el objeto mismo, que sin duda se toma una venganza en la memoria. Sucede como si las cosas necesitaran un reposo dentro de la memoria, antes de desaparecer. Algo extirpado antes de tiempo buscará volver e implantarse con más fuerza. No sabemos qué forma adquirirá esta virulencia en el futuro, pero su aparición está garantizada.

No hay manera entonces de que los materiales desechados artificialmente no vuelvan una y otra vez a la memoria colectiva como un cadáver arrojado al mar. Un cuerpo vivo vuelve sólo una vez del mar, un cadáver vuelve siempre. Nosotros no lo hemos dejado volver siquiera una vez, y por eso su retorno será múltiple.

El olvido tiene un lugar para las cosas que ha

convocado por sí mismo y otro para las enviadas artificialmente. Se trata de una forma forzada de la anamnesis.

Todo intento de insignificar algo lo resignifica con la misma fuerza que se ha utilizado para robarle la significación. En este sentido la memoria trabaja de modo pendular. Si el signo tiene como función remitir a otra cosa, los hechos han tratado de ser insignificados. Haber convertido en inimputables los hechos mayúsculos de los 70, ha minado la producción de hechos posteriores, dándoles un carácter inimputable desde su emisión misma.

EL ATEÍSMO DE LOS HECHOS

El indulto fue el primer efecto seriamente de-
capitado de su causa en esta década, fue la imposibilidad de reinscribir un registro. Fue la primera superficie despegada de su profundidad, es decir, el punta-
pié inicial del juego de superficies puras, desligadas
de un más allá.

Pero ¿puede un gobierno entrar en este juego
unilateralmente? ¿O fue eso posible porque habíamos acordado la regla de juego? En este caso, la regla acordada enunció la muerte de todo más allá para
los hechos. Fue la declaración de un profundo ateís-
mo colectivo de los hechos: perdieron toda remi-
sión a un fundamento, a una causa primera, a un universo explicativo, a una significación en otro sitio. El
sentido quedó remitido a sus terminales, quedó de-
finitivamente horizontalizado. No hay Dios para nuestros acontecimientos, y no esperamos tampoco una
redención para ellos.

Nosotros hemos descreído de los hechos y los
hechos han descreído de todo más allá. Ya ni siquiera un cadáver nos convence de que un hecho existe:
recordemos el cadáver de Yabrán. Aún hoy sospechamos que fue un truco. *Y esto ocurre porque hemos
trucado los cadáveres que nos han precedido.*

Cada hecho queda convertido de antemano en
un fósil, en un vestigio a partir del cual nos es difícil

reconstruir la historia. A partir de enterrar de antemano los hechos, ellos vienen ahora con la pala y la tierra incluida. «Acontecen», y cavan su fosa antes de que se les pida cuentas. Dios ha muerto para la emisión de acontecimientos, y no nos debería extrañar que pronto apareciera un loco en la plaza pública, diciendo: «Busco causas, busco causas», como aquel que buscaba a Dios con una linterna en pleno día, según cuenta Nietzsche. Tenemos un exceso de efectos, todos ellos huérfanos.

Cabe sospechar que al borrar artificialmente los temas importantes por vía de la exposición o del ocultamiento, ellos arrastran consigo el escenario en el que están instalados, tal como hizo Sansón al derrumbar las columnas del templo bajo cuyo techo estaba.

A menos que las causas de las cosas y los hechos olvidados hayan ido decantándose sobre la sombra autonomizada de la Argentina, hayan ido sedimentándose allí como en el fondo del mar y estén conformando una napa geológica de la cual alguna vez obtendremos energía. Sin embargo, esa energía sobrante de los hechos, ahorrada en una napa subterránea de la que puede estar hecho el futuro, les ha quitado energía «acontecimiental» en el día de hoy. El riesgo es que esa energía ahorrada erupcione alguna vez, sin control, como un volcán.

Dice Freud en *Totem y tabú*: «Hay una función intelectual en nosotros que demanda unidad, conexión e inteligibilidad de *cualquier material*, sea de la percepción o del pensamiento... y si como resultado de circunstancias especiales se ve imposibilitado de establecer una conexión verdadera, no duda en fabricar una falsa».[37] Por eso, si bien nos queda apenas

37 - El subrayado es nuestro.

180

nuestra línea histórica, nuestro cuerpo, dado que el sentido se ha retirado, hacemos un esfuerzo supremo e inútil por comprender lo que nos «ocurre». No hemos tardado en refinar nuestro inverosímil realismo explicativo con tal de establecer nuevas conexiones, horizontales y provisorias.

Las condiciones de posibilidad de eficacia de los hechos y de los mensajes están dañadas, como la cubierta de un barco, y no se ha demorado en echar a pique el valor de los acontecimientos. Nosotros también creíamos que el realismo político, la justicia, la equidad, eran imposibles de hundir.

Cuando se daña la superficie de un *compact disc*, se la daña sin deteriorar la música, aunque ésta no pueda ya escucharse. A la inversa tal vez pueda dañarse la música en forma permanente a pesar de dejar intacta la superficie que la contiene. Es lo que nosotros hemos hecho: ha quedado intacta la superficie de aparición de los hechos, pero hemos deteriorado la música del sentido.

LOS FACTOIDES POLÍTICOS O LA SUSTRACCIÓN DE LOS SIGNOS DE PUNTUACIÓN

La ruptura de la linealidad no se da en la Argentina porque se detengan los sucesos sino porque han comenzado a girar dentro de una esfera de sentido desplazada de la que no acertamos a retrotraerlos. Y esto no sólo por aquello que señala Virilio, que la lógica de la información tiende a reemplazar a los acontecimientos reales y que estaríamos, por tanto, ante una modalidad de declinación de los hechos mismos.

Nuestros acontecimientos abandonan lo real casi sin esfuerzo, dado que lo real no defiende sus fronteras con tanto ahínco como antes. El esfuerzo de desplazamiento de lo real es, por consiguiente, ayudado por la realidad misma. Es como un asalto al que no se ofrece resistencia, se colabora con el maleante y se le entrega velozmente lo buscado. En nuestro caso se trata de una extraña polilla que se alimenta de los signos de puntuación de la historia.

La sucesión inacabada de hechos escandalosos, de nulo impacto real, son fuegos artificiales que generan un resplandor efímero en los diarios y noticieros; más que a «hechos» reales, se parecen a los denominados «factoides», es decir, a hechos que parecen hechos y no lo son. El sufijo «oide» indica semejanza.

Se denomina factoide al hecho novelesco, narrado en forma adulterada por el cronista. Ejemplo de un tipo de factoide, una invención pura, fue la falsa entrevista a un drogadicto por la cual dieron al *Washington Post* el premio Pulitzer, que fue después revocado.[38]

Por eso, el análisis metafísico comienza a llegar inevitablemente al vocabulario político. «Un acto inexistente» denominó con precisión, a la usurpación de bancas en el Senado, Arnoldo Klainer, presidente de la comisión de Justicia de la UCR.

Pero en nuestro caso la confección de factoides se realiza sin cronista y, en consonancia con lo expuesto antes, sin esfuerzo alguno: la atmósfera de la política virtual los genera como flores silvestres. Uno podría preguntarse qué premio hemos obtenido con la emisión sin control de factoides que carecen de incidencia alguna sobre la realidad, y de qué modo ese premio nos será abruptamente revocado.

---

38 - Tomado de Lepri por Ugo Volli, «Factoides y mnemos: por una ecología semiótica», en *Videoculturas de fin de siglo*, Madrid, Cátedra, 1990.

FALSAS AMBROSÍAS PARA FALSOS DIOSES

Así como los falsos dioses se nutren de falsas ambrosías, nuestros androides políticos segregan factoides políticos y de ellos nos alimentamos. Nuestros factoides han quedado inscriptos en un registro virtual, han quedado aislados en un espacio y en una temporalidad mediática.

Pero nuestro balance «real» comienza a reflejar cada vez menos las cifras de lo que ocurre y es por eso que, en el fondo, casi hemos parado nuestra contabilidad blanca para los hechos, resignados ante nuestra incapacidad de lidiar con el volumen de los factoides que no son contabilizables. Su falta de trascendencia indica un acuerdo con un orden que, introduciendo el otro sentido del término, no es ya más trascendente, carece de eco o de contraparte, carece de forma binaria. No son el principio, el medio ni el fin de nada, espejo de nuestra propia falta de inserción dentro de una línea continua.

Se trata de paréntesis abiertos en la temporalidad; son la traslación de la ausencia de puntuación de un relato a la realidad. Para quitar a la realidad su verosimilitud, el poco resto que le queda, basta con sustraerle todo signo de puntuación, y dejarla operar como frases sin comienzo ni fin.

LA DISMINUCIÓN EN LA POTENCIA DE SIGNIFICAR

El futuro nos presenta otra duda: una vez acostumbrado un signo a no dejar huella, nada indica que el día que se levante la prohibición efectivamente la deje. Una vez desproveídos de la potencia de actuar, la simple entrada en acción del permiso de hacerlo no garantiza que lo hagamos. Hay que distinguir, con Rosset, los dos sentidos de la palabra poder: poder como permiso y poder como potencia de actuar. Uno es ajeno al otro, a uno no le basta el otro. Que podamos, sin interdicción, cruzar a nado un río, no implica que podamos hacerlo en términos de potencia de actuar.

¿Cuánto pueden dañarse los hechos en su capacidad de significar? ¿Cuánto tiempo puede dañárselos sin que pierdan su potencia originaria de significar? ¿Cuánto puede inmovilizarse la profundidad de campo de una mirada sin alterar de modo permanente su capacidad para ver? ¿Cuánto puede acostumbrársele al primer plano, sin perder la potencia de ver un segundo plano? ¿Existe una atrofia para la significación, tal como existe para el músculo? ¿Existe una disminución de la potencia de significar del mismo modo que existe una disminución para la potencia de actuar?

Si cruzar un río a nado nos era posible antes de la interdicción, tal vez hoy no lo sea por atrofia muscular. Tampoco podemos descartar, por otra parte, que las orillas no se hayan alejado. Una vez que las orillas se desacostumbran a estar unidas, se separan. Una vez que el significante y el significado se separan, es difícil volver a juntarlos. Acaso haya un límite en el tiempo donde uno puede relegar el sector del símbolo que falta, aquella mitad de la medalla perdida.

A principios de siglo en Buenos Aires el luto exigía un respetuoso silencio, por lo que la música estaba erradicada. Esto generaba un problema para los pianistas: la pérdida de agilidad en los dedos por la falta de práctica. Para remediarlo se inventó el piano de luto que consistía en una caja de madera larga y rectangular, con las teclas pero sin las cuerdas. Así fue posible practicar piano sin violar el luto.[39]

Ante la proliferación de acontecimientos espectrales, ante el luto frente a la muerte de los verdaderos acontecimientos, debiéramos crear algún instrumento para reproducir en silencio la música perdida, la música del sentido; ese instrumento serviría a la vez para evitar que se inutilice nuestra capacidad de lidiar con los hechos reales. Tal vez debiéramos inventar un simulador de causa-efecto, un simulador de la temporalidad, un simulador para la vigilia, algo que nos permita practicar sin ser irrespetuosos con el simulacro argentino.

Pero quizás ya hayamos inventado algo falso, según la reflexión de Freud que citamos más arriba. Porque nuestra comprensión de lo que sucede vuela al ras de lo real, sin tocarlo, como si estuviera dentro de un simulador de vuelo. Por real entiendo todas las categorías que nos dan la posibilidad de aprehensión de lo que aparece: las de identidad, contradicción,

39 - Agradezco a Marina Van Gelderen el suministro de este dato.

tiempo lineal, causa-efecto, etc.; a todas las hemos venido demoliendo sin piedad, no con pico y pala, sino con el desplazamiento súbito del sentido hacia nuestra sombra.

Lo real ya no obedece, aunque todos los comandos parezcan estar en su lugar. No nos es posible, aunque queramos, salir de la cabina; ni siquiera estrellar el sentido, porque no está hecho de un cuerpo sólido. El vuelo no trasciende lo que podemos observar en el tablero y nos encontramos nuevamente como aquel marinero de la Pinta, intentando divisar tierra. Cabe la sospecha de que no sólo las líneas habituales de lo real hayan desaparecido, sino que lo real en sí mismo se haya eclipsado llevando su lugar consigo.

EL DÍA DESPUÉS

EL RUIDO DE ROTAS CADENAS

Quizás en nuestro origen haya un símbolo reactivo marcado a fuego, la ruptura de una primera cadena, gesto que conservó su inercia a lo largo del tiempo. ¿Viene de allí nuestra pasión indistinta por la ruptura? ¿Son las rupturas recientes de la vigilia, del tiempo, de las causas, de la memoria, nuestro paso hacia el día después, la adopción de un ritual colectivo alrededor del símbolo que nos dio nacimiento?

Si dijéramos, como en nuestro himno, «oíd el ruido de rotas cadenas», y afináramos al máximo el oído no las escucharíamos, porque las cadenas de los 90 se rompieron en silencio.

Por otra parte, así como aquella primera rotura de cadenas tuvo un significado liberador, esta ruptura puede haber tenido la connotación inversa. La ruptura de las cadenas del sentido es más temible, precisamente porque es apenas perceptible. Sólo más tarde emergen a la superficie las consecuencias de su quiebre.

Tal vez aquel movimiento de ruptura no se ha detenido sólo en liberarnos, sino que, con inercia propia, ha continuado operando sobre toda cadena que ha encontrado a su paso, como una fuerza que, a partir de un gesto inicial, sigue actuando a lo largo de la correa de transmisión.

En el plano cotidiano, el plano micro, hemos

roto despiadadamente la cadena de mandos, la cadena de la representación política, la cadena de precios, las leyes, la independencia de los poderes, entre otras enumeraciones posibles.

En el plano más reciente, el plano metafísico, la ruptura sigue operando, sólo que su inercia trabaja en otro sitio, se vuelca sobre la correa de transmisión del sentido. ¿Cómo es posible detener la inercia en la ruptura del sentido?

Mientras aún resuena entre nosotros, luego de 200 años, aquella ruptura de cadenas, tal vez debamos hacer eco con la frase de Nietzsche: «¿Te llamas libre? Dime tu idea fija y no que has escapado de un yugo». Todo lo nuestro puede haber sido un movimiento de escape reactivo sin una idea fija, acentuado sobre el final, y transmitido a la cadena del sentido.

Porque sin duda uno puede liberarse de algo e inaugurar simultáneamente, de modo inadvertido, un yugo paralelo. Cuando uno se libera sin destino, cuando uno rompe con su origen sin dirección, nace a una segunda cadena: reemplaza el yugo de origen por el yugo de un fin. ¿Es preciso liberarse de algo o es preciso en realidad liberarse para algo? «La experiencia de la libertad se vuelve insostenible en la medida en que no se logra hacer nada con esa libertad. Primero, la queremos, ciertamente, por ella misma; pero también para poder hacer cosas. Si no se puede, si no se quiere hacer nada, esa libertad se convierte en la pura figura del vacío.» (Castoriadis)

Romper cadenas no garantiza, entonces, dejar de ser esclavo: el movimiento reactivo debe completarse con la aparición de un sentido, con un movimiento de sentido activo. Sacarse un yugo de encima no crea las condiciones para la aparición de una finalidad. Nuestras finalidades enunciadas solemnemente son violadas con la misma solemnidad, ya que hemos demostrado no creer en los enunciados de nuestro Preámbulo y tampoco en lo que le sigue.

Y si no hemos contestado a la pregunta que erigió nuestro gesto inicial, menos podemos esperar contestar la pregunta que se cierne desde las rupturas recientes: ¿rupturas para qué? Sacarse un yugo de encima sin finalidad es la condición para la aparición de yugos alternativos. Nuestra imaginación tiene cierta fineza para recrearlos, como lo ha mostrado la era Menem.

EL *CRACK* DEL SENTIDO

Los quiebres mayores pueden ocurrir tanto en la vida individual –el *crack-up* del que habla F. Scott Fitzgerald– como en la vida colectiva. Se trata de la súbita sensación de encontrarse en un vacío de sentido, la sensación de estar utilizando aún, para dar sentido a la propia vida, categorías perimidas. Existe una desolación en advertir de golpe que lo que nos sostiene es la inercia de un sentido anterior y no de algo vigente, que nuestro tren se ha desprendido de la locomotora y que su movimiento es inercial.

Hemos aniquilado el principio de realidad política alterando los configuradores básicos de la noción de realidad. No sólo se ha afectado el sueño y la vigilia, no sólo el cuerpo ha perdido su sombra. No sólo hemos dejado atrás la representación política para saltar a la simetría. No sólo hemos adquirido un cuerpo político obeso, no sólo hemos aniquilado la palabra.

También hemos generado una nueva forma de la visibilidad social, es decir, una nueva definición, no sólo de lo que nuestra sociedad está dispuesta a ver, sino de aquello que puede ver y de aquello que le está vedado ver. Hemos alterado nuestro vínculo con la temporalidad, hemos suspendido las causas y los efectos.

Este *crack*, o esta suma de *cracks*, podría ser el inicio de una metamorfosis (la flor que nace cuando

197

muere Narciso), lo que sería potencialmente auspicioso, pero podría también ser el fin de ella. Es decir, podría estar sobreviniéndonos y encontrarnos advertidos a tiempo para adaptarnos, o podría ser tarde, cuando ya nos hemos convertido en un insecto, como el personaje de Kafka, y despertamos una mañana observando nuestro caparazón.

A pesar de que uno de los ejes del discurso opositor es el de la ética –y no podría ser de otro modo–, estamos en un país que ha cruzado la barrera del sonido y ha entrado en tierra de nadie. En ese punto se ha detenido el tiempo y hemos pasado tras la línea imaginaria. El tema se sigue discutiendo, pero se lo hace como quien pedalea en el aire. Hemos quedado conversando sobre el movimiento mientras nos hemos detenido hace rato en el lado de la inercia.

En algún momento iniciamos una mudanza, un traslado de cosas de la línea recta a la transversal. En la línea de la historia están los edificios impecables, pero su sentido se ha mudado. Cada vez más los acontecimientos caen directamente del otro lado de la línea de la historia, del otro lado de la línea de la vigilia, del otro lado del cuerpo. Parece que la historia avanza, pero el cuerpo no puede avanzar sin su sombra.

Habitamos en una tierra arrasada, con formas mutantes nacidas de una explosión.

LA BOMBA NEUTRÓNICA

¿De dónde proviene este día después del moralismo y del realismo, en el que estamos inmersos? ¿Cuál es el quiebre entre el día antes y el después? Podríamos inclusive preguntarnos: ¿hubo alguna vez un día antes o hemos nacido como sociedad directamente en el día después?

¿Cuándo hemos cruzado la barrera hacia el otro lado? ¿Con Perón, con los golpes de Estado, con el Proceso, con Malvinas, con la hiperinflación, con la corrupción desenfrenada más reciente? ¿Mucho antes que esto? ¿O todo fue posible porque ya habitábamos del otro lado?

Estamos en un ida y vuelta hacia el otro lado, partes enteras nuestras transitan de un lado al otro. Además del movimiento lineal que significaría la historia, hay un movimiento transversal o lateral de ingreso y egreso en la realidad política, en la historia, en el tiempo, en nuestra sombra. ¿Somos en algún punto mutantes o sobrevivientes de nosotros mismos? ¿Estamos ante la anulación de una forma de organización social clásica y en transición secreta hacia otra?

Así como existen sismógrafos para la medición de los terremotos, hay terremotos que por su calibre rompen los sismógrafos[40], y la realidad se queda, de

---

40 - Noción que utiliza Jean-François Lyotard, en *La diferencia*, Barcelona, Gedisa, 1988, p.74.

este modo, sin instrumentos de medición para precisar la magnitud de un desastre. Lo mismo ocurre con determinados acontecimientos que, por su alta virulencia, rompen la escala de medición de los hechos en general y uno pierde súbitamente la brújula y la escala de valores que los regían.

Es difícil precisar cuándo se produjo el epicentro de nuestra devastación moral y de sentido actual, pero sin duda hubo uno en los 70. Y nuestra democracia indultó los eventos de los 70 por su extraña incapacidad de dejarlos atrás. Los puso al costado, como si no hubiese podido digerirlos. Esto determinó una forma de continuidad no visible de aquella devastación, a la cual se agregaron, con una gravedad desplazada hacia otros sitios, los acontecimientos propios de los 90.

La Argentina de nuestra era reciente es la terminal en la que se acumulan, sin expurgar, los efectos de todas las devastaciones, al punto que los terremotos propios de la era Menem apenas son ya registrados por nuestras mediciones.

El día después sucede siempre a una explosión. En la Argentina no ha habido una explosión sino una implosión, un desmoronamiento hacia dentro de ciertas variables clave de comprensión de lo real. Cuando estas variables ceden, cede entero el edificio del sentido. Estas rupturas no son una forma espectacular de la devastación. Estamos ante quiebres que no se han manifestado con estrépito, ante una subrepticia desconfiguración del sentido, ante un imperceptible corrimiento en la significación de lo que aparece.

Su correlato, en el orden de la devastación física, es la bomba neutrónica, que destruye la vida pero deja intacta la materialidad de las cosas, en una muestra de lo perversa y selectiva que es la idea directriz que la hizo posible. Es que en realidad, ya que hablamos de selección, se trata de una forma de darwinismo del sentido: en la Argentina la selección natural ha tomado partido por las especies visibles.

En el orden del sentido existe, entonces, la bomba neutrónica, que no arrasa lo visible sino los pilares en los que se asienta el sentido de la realidad. Como la verdadera bomba neutrónica, no arrasa lo accesorio sino lo esencial. Y su efecto puede ser aún más poderoso: no arrasa las cosas que habitan dentro de un campo gravitatorio del sentido, sino que arrasa el campo mismo, dejando, por tanto, libradas a su suerte a las cosas que allí habitaban.

Luego de ello queda una extraña forma de la intemperie en la que el frío no se siente en la piel, pero sí en el sentido de las cosas. Esto no tiene que ver con la devastación externa que produce la muerte, sino con la devastación interna que produce el sentido, que retira súbitamente a la realidad la fuerza inercial con la que venía operando.

Theodor Adorno se preguntaba si era posible la poesía después de Auschwitz. ¿Cuál es la pregunta pertinente en el caso de las devastaciones invisibles? ¿Cuáles son las radiaciones que operan a largo plazo, luego de un estallido nuclear en el sentido de las cosas? La palabra nuclear lo expresa bien en este caso: lo que ha estallado en la Argentina es algo esencial. Cuanto más nuclear es una devastación (dicho esto en su acepción de esencial), mayor debiera ser la reacción de una sociedad.

La devastación del sentido debiera activar rápidamente los reflejos claves de la sociedad, sus mecanismos de supervivencia y de regeneración, actitud equivalente a priorizar la solidaridad básica cuando ocurre una emergencia en la vida exterior. Pero todavía merodeamos, en nuestro día después, sin regenerar sentido.

LA GUERRA ENTRE LO VISIBLE Y LO INVISIBLE

Los 90 fueron una era de integraciones visibles y de desintegraciones invisibles. Integración en el «primer mundo», en la competitividad económica, en el Mercosur, etc. Desintegración invisible de los eslabones fundamentales que dan sentido, en forma subterránea, a lo visible.

Un pedazo de tierra se desprendió del continente. A la par de la globalización y de la integración en el mundo, se operó secretamente un desplazamiento a contramano, el desligamiento imperceptible de una amarra. Como en el caso de la paradoja del progreso económico, lo visible se dirigió hacia un sitio y lo invisible hacia otro. En la Argentina de hoy también doblan las campanas, como en el poema de John Donne, aunque doblan sin badajo. Doblan en silencio por algunas zonas nuestras.

Acaso todo lo nuestro venga de más lejos. Tal vez la línea del sentido argentina sea un eco tardío de los quiebres de sentido contemporáneo. Se puede intentar deducir de lo visible aquello que se ha roto en lo invisible, o a la inversa, intentar pensar cómo se materializarán en la vida visible las rupturas que hemos ya efectuado en lo invisible.

Lo visible y lo invisible no están a gran distancia: están entrelazados como dos cuerpos. A veces incluso son dos cuerpos que se aman, pero en la Argentina de hoy lo visible y lo invisible están en guerra.

Siempre cabe esperar que cualquier operación en gran escala sobre lo invisible tenga un impacto sobre lo visible. La violencia invisible, por ejemplo, necesariamente se materializa en algún momento, difícilmente se agota en su propia combustión. Es más: en cierto sentido sólo combustiona cuando entra en contacto con el oxígeno exterior.

Éste es sin duda un riesgo clave de las rupturas operadas en la Argentina: que continúen materializándose sus efectos no visibles para terminar de hacer combustión con el exterior y que lo que hayamos visto hasta ahora no sea todo. Las rupturas que operan en la realidad política y social están gobernadas por rupturas de orden metafísico. Frente a un sentido macro que está desconfigurado, hay un avance en la desconfiguración del sentido en el sector micro de lo real.

La realidad puede tardar; lo real es sin duda perezoso, está apegado a órdenes antiguas, pero finalmente aparece listo para responder al pensamiento. En la era contemporánea, ciertas nociones hace ya mucho que han realizado un viraje de sentido a partir de pensadores como Nietzsche, adelantados doscientos años con relación a su época. Ellas han desembarcado recién ahora entre nosotros, en forma de colonización sin barcos ni colonos, en una operación inversa a la que fundó la ciudad: el desembarco quita ahora fundamento a los cimientos de nuestra ciudad.

Nietzsche notó la muerte del fundamento cuando el fundamento aún modelaba todas las formas exteriores de la vida y de la teoría. Pero en algún momento la época alcanza a sus pensadores y en la superficie de lo real comienzan a levantarse burbujas crecientes que obedecen al pensamiento anticipado.

Este diferimiento inevitable con que llega el sentido contrasta con la eliminación de todo diferimiento en nuestras vidas interconectadas e inmediatas. Tensión entre ambas variables, que hace que a mayor inmediatez de conectividad, el sentido compense llegando más lentamente.

Hay un punto de emergencia y de encuentro cuya precisión no puede ser violada. *Si los acontecimientos viajan cada vez más rápido, el sentido que les sale al encuentro viajará cada vez más lento.* Antes acontecimientos y sentido se encontraban al mismo tiempo, en una coincidencia feliz. Ahora estamos sometidos a una espera del sentido proporcional a nuestra aceleración vital. Es como si se hubieran desincronizado los movimientos de traslación y de rotación de la tierra: rotación acelerada, traslación casi detenida. Por ello el hemisferio del sentido se halla en un invierno permanente.

Mucha de la luz de nuestro firmamento teórico son estrellas ya apagadas. Pero puede muy bien ocurrir el movimiento inverso: que devolvamos la luz de una estrella, que neguemos su resplandor mediante una luz más fuerte y que esto termine por eclipsarla. La genealogía de extinción del sentido debe recorrer estos dos caminos complementarios.

En la Argentina de la era Menem, la guerra entre lo visible y lo invisible ha apagado ya varias nociones que operaban delante y detrás de los decorados de lo real. Y aunque pueda pensarse que, en última instancia, es lo invisible lo que gobierna lo visible, hay un bombardeo mutuo entre ambos órdenes, una retroalimentación de la ruptura. La Argentina de hoy es receptora de quiebres anteriores, pero con su acción –e inacción– los ha retroalimentado en forma decisiva.

Sin embargo, así como el sonido del sentido ya

apaga su fuente emisora al asomarse al contexto cotidiano, tal como ocurre con el diferimiento de la luz
en llegar a un punto, tal vez sea posible pensar que
modos y pliegues insospechados, que podrían dar un
nuevo giro en el sentido de lo real, viajan en este
momento hacia la superficie de nuestra realidad. Pero,
por ahora, nos encontramos entre lo que se ha ido y
lo que no ha llegado.

LA SINTAXIS DE LA ILUSIÓN

LAS MINIATURAS DE LA REDENCIÓN

¿Queda algún espacio para la ilusión, para un reencadenamiento del sentido? Si lo hubiera, se trataría, al igual que su quiebre, de una ilusión sin ruido, ilusión que no supondría volver al patrón oro, patrón vertical de la política o de la ética, del cual hemos renegado decididamente. Tal vez hayamos invertido los roles de la metafísica tradicional: los fundamentos trascendentes, los patrones del sentido, se tornaron pueriles; acaso el juego, las reglas inmanentes —antes pueriles—, se tornen la posibilidad de un horizonte de sentido.

Habiendo cruzado la barrera del sonido de la sujeción clásica, que depende de constricciones exteriores, apenas queda como posibilidad la refundación de una obligación voluntaria e inmanente,[41] tal como funciona la regla dentro del juego.

No nos unen las mismas creencias, no nos une una pasión territorial —a pesar de la mímica malvinense—, no nos une tampoco una misma sangre —por la heterogeneidad de nuestro origen—, no nos unen un mismo principio ni un mismo fin: tal vez por eso nos unen las pasiones instantáneas.

El fútbol, por ejemplo, nos congrega como ninguna otra cosa. El disfraz, las máscaras, la pintura en

41 - Por oposición a una sujeción trascendente, ya sea la ley, un contrato o un mandato exterior.

los rostros de los hinchas, confirman que están en juego la comunión y la despersonalización que permiten los rituales; es una ceremonia tribal que posee trances, arrebatos y momentos culminantes. (Permanezcamos lejos de la pacatería intelectual y de la tristeza lívida de quienes condenan el fútbol desde otra altura.)

Pero, además del fútbol, tenemos desarrolladas las formas inmediatas de la esperanza, las miniaturas de la redención: «Hola Susana, queremos salvarnos». Números 0600, cartas que participan en sorteos televisivos, camionetas y bicicletas sorteadas en estaciones de servicio, sorteos de efectivo en bancos, etc.

Sociedad del sorteo que sueña y mendiga las sobras de la producción. Viraje hacia una concepción residual de la salvación. No aspiramos al paraíso, sólo a los improbables mendrugos de la salvación propia y a un televisor de 21 pulgadas. Nuestra aspiración a la redención es residual e individual, verdadero espejo de nuestra forma de organización social.

Si hubiera una ilusión, no tendría el estilo trascendente y fundante de la modernidad sino el espacio horizontal e inmanente del juego, de acuerdo con nuestras miniaturas, pero en el reverso gratuito de ellas. Una sociedad organizada sólo alrededor de la idea de producción es una sociedad de unión nula, cohabitante por aleatoriedad espacial, disgregable ante el menor viento recesivo del sentido.

Dice Eugen Fink: «El juego es originariamente el poder de unión más fuerte –crea la comunidad...». Hasta ahora no hemos desarrollado más que esas variantes del juego, además de otra variante del juego sacrificial que se denomina *potlatch*[42]. Pero, a la in-

---

42 - Festival de donativos y de prodigalidad, ritual de destrucción de las posesiones propias como demostración de poder. Costumbre practicada por los Kwakiutl en British Columbia. (Cf. Huizinga, Johan, *Homo ludens, A study of the play element in culture,* Boston, Beacon Press, 1955.)

versa de lo que ocurre con esa práctica en las sociedades arcaicas, *entre nosotros la competencia por la destrucción no se da con los bienes individuales sino con los públicos.* En esas sociedades se sacrificaba algo privado en una fiesta pública: nosotros sacrificamos algo público en una fiesta privada. Aunque guardamos una similitud: tal como sucede entre aquellas sociedades, en la nuestra adquiere más poder quien más bienes destruye.

Fuera de la fundación de un orden gratuito, otra de las características clave del juego es la *adherencia voluntaria a determinadas reglas.*[43] Porque el juego se articula alrededor de un conjunto de reglas restrictivas e inmanentes. El juego exige una observancia absoluta consigo mismo, no tolera desviaciones. Es más riguroso que la actividad libre, del mismo modo que el lenguaje poético es más riguroso que el lenguaje diseñado para inventariar el mundo.

¿Carecemos de un orden voluntario gratuito de adherencia, el juego, razón por la que nunca ha operado el orden constrictivo, la ley? Aun si se comprendiera que lo lúdico es clave en la formación de la ley, es decir, si se considera el juego como un subestrato de la ley, no podríamos omitir el paso por su instancia. ¿Podría reconvertirse nuestra pasión por lo instantáneo, nuestro horror por el tiempo en este poder de unión?

---

43 - Dice Roger Caillois: «Lo que llamamos juego aparece como un conjunto de restricciones voluntarias... que instauran un orden estable, a veces una legislación tácita en un universo sin ley». Cf. *Los juegos y los hombres*, «La máscara y el vértigo», México, Fondo de Cultura Económica, 1986.

HACIA OTRO PACTO TÁCITO

Entre nosotros no hemos dejado espacio para una ética comprendida como catálogo de normas trascendentes ni como inventario argumentativo: ya no le hacemos caso, ni le haremos. No necesitamos más leyes: su multiplicación ahonda nuestro incumplimiento. El imperativo de la ley emana de la voluntad general, pero esa voluntad parece haberse disuelto a sí misma. La convención hecha para protegernos de la arbitrariedad fue vencida por la suma individual de arbitrariedades.

Dado que nunca hemos respetado realmente las leyes sino nuestras formas tácitas de convivencia, nuestros pactos en la sombra, ¿existe otra salida para cohesionarnos que no sea la reconstitución de lo tácito, también en la sombra? Tal vez estemos en una situación privilegiada para regenerar un pacto tácito porque nunca hemos vivido de otro modo. Estamos bien entrenados para firmar documentos en la oscuridad, y acaso esta práctica pueda revertirse en algún momento a nuestro favor.

Hasta ahora nuestros pactos han sido los peores. Del lado de la ley ya no tenemos destino, del lado de su quiebre tampoco, del lado de una obligación inmanente tal vez nos quede uno.

LA ESCRITURA AUTOMÁTICA DE LO SOCIAL

Examinemos ahora, brevemente, otro contrato colectivo de una sociedad: la lengua. Las dos formas de desconocer ese contrato son:

a) la mera desorganización sintáctica de la frase (la sintaxis absurda) o

b) el desarrollo de otra sintaxis cuyas reglas se autoconstituyen de modo inmanente (la sintaxis poética).

En el primer caso se pierde la significación convencional. En el segundo se la pierde, pero se adquiere una significación inmanente, nacida de la existencia misma de la frase.

J. Cohen[44] aventura una distinción entre lenguaje prosaico, el lenguaje absurdo y el lenguaje poético, que sirve a nuestros fines:

a) El lenguaje convencional tiene denotado (significación explícita), pero no connotado.

b) El lenguaje absurdo carece de ambas cosas (no tiene significación explícita ni implícita).

c) El poético tiene sólo connotado (tiene sig-

---

44 - Cohen, Jean, *Estructura del lenguaje poético*, Madrid, Gredos, 1984, p. 210.

nificación implícita o inmanente), pero no denotado.[45]

El *crack* producido en la Argentina, el desconocimiento de las formas de organización convencional, tiene también dos vertientes por delante, ambas inmanentes: estamos en el punto donde comienza el absurdo o donde la inmanencia misma reconstituye una connotación, como sucede con el lenguaje poético.

Un lenguaje, verbal o social, que no es capaz de adoptar una disrupción que vaya más lejos que el quiebre mismo, está condenado, tal como lo está el lenguaje en el caso de no saber quebrar su versión convencional más que por el absurdo, tal como lo está nuestra propia vida en caso de no saber romper su versión convencional más que por un desvío, tal como lo está una sociedad que no sabe ir más allá de su contrato social más que escribiendo uno simétricamente inverso en las sombras.

La Argentina está en el estadio de escritura automática de lo social. Esta modalidad, al igual que el experimento surrealista, logra subvertir el orden y la ley del lenguaje, pero no acierta a generar una forma de cohesión sintáctica superior.

46 - Cohen lo ejemplifica mediante el siguiente cuadro:

Pertinencia

Frase	Denotativa	Connotativa
Prosaica	+	-
Absurda	-	-
Poética	-	+

Denotar quiere decir significar de manera explícita, mientras que connotar supone hacerlo en forma implícita.

Estamos, entonces, desde el punto de vista social, en una situación *post-crack*, dentro del plano del simple quiebre. Y el quiebre mismo, esa instancia inicial de la inmanencia, no tiene facultades automáticas de reinvención del sentido.

Quiebre de la ley, suspensión de la temporalidad, desprendimientos de su forma homogénea, arbitrariedad de los signos, ruptura de la significación convencional, ruptura de la escena: estamos ante los signos del juego, pero no hemos quedado enlazados por regla alguna. Estamos entre el resto de sostén que le queda a la ley y la caída libre de su ausencia, sin que aparezca una forma de enlace.

Estamos aún en territorio neutro,[46] donde no se da *ni una cosa ni la otra*. Ni esto ni aquello, quiebre puro sin caída en otro sitio, coagulación del tiempo. Lo neutro es el estadio limbo del sentido. En realidad, el territorio neutro es la resultante perfecta entre la línea recta de nuestra historia y la línea oblicua de su sentido.

El quiebre puro adopta la forma de la negatividad sin afirmación, y queda expuesto de este modo a la modalidad dialéctica denunciada por Nietzsche, a la

---

46 - Del latín «néuter», ni uno ni otro, derivado a su vez de «úter», cuál de los dos. (María Moliner)

tipología propia del resentimiento y la reactividad.[47] En el tercer paso hay negación, pero allí la negación se da como añadidura de la afirmación, nunca como condición de ella. El sentido nunca nace del puro quiebre, aunque el quiebre sea necesario. Lo poético rompe por lo que es, nunca llega a ser por romper.

¿Existe la posibilidad de una nueva sintaxis, necesariamente arbitraria, como lo es toda sintaxis?[48] Nuestra babelización social ha desconocido la sintaxis colectiva, tal como si la lengua hubiera utilizado un lenguaje meramente caótico. Hemos desconocido la ley y la denotación, pero no hemos encontrado aún la connotación.

47 - Cf. Deleuze, Gilles, *La filosofía de Nietzsche,* Barcelona, Anagrama, 1986.

48 - Toda sintaxis es una normativa arbitraria. También la idea de contrato social es un artificio, una ficción deliberativa que funda el orden político de la modernidad, como señala González Bombal, Inés, en «Hacia un nuevo contrato social para el siglo XXI». (Documento base del IV Encuentro Iberoamericano del Tercer Sector.)

UNA OBLIGACIÓN INMANENTE

Esta analogía de funcionamiento no se constituye en una receta. Decir qué determina la aparición de la obligación inmanente es tan difícil como distinguir la razón por la cual un texto es poético. Pero hay que pensar, para nuestra tendencia a la anarquía social, un movimiento inverso al de la ley, aunque un movimiento con sentido, una sociedad que se reconstruye de abajo hacia arriba.

Si la sintaxis es un modo de enlace y un orden de las palabras en la oración, una nueva sintaxis social significa también un cambio en el modo de enlace –la obligación– y una modificación en el orden –la inmanencia–.

La obligación frente al otro es diferente de la ley, del mismo modo que la obligación y la necesidad interna de la palabra poética es diferente del contrato de significación que establece la lengua convencional.

Pero en el punto de quiebre tal vez sea preciso pensar un más acá de lo meramente contractual, una obligación que no funcione por necesidad exterior, sino como un imperativo y una decisión: una obligación más acá de la obediencia. La obligación no se negocia, ocurre. La poesía no es tampoco fruto de una negociación con el lenguaje convencional.

El lenguaje poético es el equivalente, en el

plano de la lengua, de lo que es la obligación inmanente en el campo de lo social. Ambas trascienden el mero quiebre, ambas escapan al aislamiento de sus integrantes, ambas combinan sus componentes de modo no azaroso y, lo que es fundamental, ambas tienen una exigencia inmanente, nacida de sí. La poesía no da explicaciones a ninguna ley convencional y trascendente del lenguaje, pero tiene un grado extremo de necesidad dentro de su operación.

En cuanto a la existencia de una obligación para con el otro, nada cambia el hecho de que se crea en Dios, en una trascendencia, o que tengamos un mandato externo: aunque no haya transcendencia, la obligación persiste. Y la obligación no es nunca una forma de condescendencia hacia el otro: *estamos obligados con el otro precisamente porque es nuestro igual.*

Ahora, ¿es necesaria en el ámbito social la desaparición de la ley para la puesta en juego de la obligación? Una sociedad en la que prevaleciera sólo la obligación sería similar a un lenguaje en el que primara el código connotativo y hubiera que fabricar el denotativo.

En realidad, tanto la primera como la tercera instancia –sintaxis o ley convencional y reconstitución del sentido– son necesarias: el lenguaje no resiste sin dimensión convencional pero tampoco sin dimensión poética. Una vida no resiste sin una línea convencional, pero tampoco sin las ráfagas transversales del sentido. Una sociedad no resiste sin leyes pero tampoco sin un pacto inmanente de obligación entre sus componentes.

Sin embargo, señala Cohen: «Nada se opone a que imaginemos una ascensión inversa, un lazo directo significante-connotación. Pero entonces sería la poesía la natural y la prosa el artificio».[49]

Tal vez la caída en el tiempo a que se refiere Cioran no sea más que la caída originaria de la connotación en la denotación, la caída de lo poético en lo prosaico, la caída de una obligación primaria en la verticalidad de la ley.

Por eso, tal vez, lo que buscamos no está más allá sino más acá; lo que parecía ser una tercera instancia es en realidad la primera.

Nuestra sociedad sólo ha practicado hasta ahora los quiebres, dominada por la transgresión pura, por la indiferencia y por lo que Sartre denominaba quietismo: «Los demás pueden hacer lo que yo no hago». Modo de pensar que tiene su correlato inmediato en la frase de Céline: «Todos son culpables, salvo yo». No hemos hallado salida a la alternancia y a la polaridad entre lenguaje social convencional y lenguaje social absurdo.

«Sólo vemos un más allá de la ley en la transgresión o en la suspensión de lo prohibido.» (Baudrillard) Es cierto, sólo hemos visto un más allá de la ley en su pura transgresión. Y no hemos visto todavía *un más acá de la ley*: así como la poesía vuelve a dar sentido al lenguaje mediante la reorganización no aleatoria –sino obligada– de sus componentes, tal vez, en el campo de la sintaxis social, *la obligación para con el otro* devuelva la connotación a una sociedad que ha optado por el intermedio entre la ley que ha abandonado y el sentido, que aún no ha llegado.

49 - Ibíd., p 220.

ÍNDICE

En busca del símbolo perdido

Simetría y narcosis social

El predominio del sentido económico

La función social de la corrupción

Argentina nominal/ Argentina real

La obesidad política

El ajuste de la visibilidad

La alteración de la temporalidad

La declinación de los hechos

El día después

La sintaxis de la ilusión